LOS ACUA

Crónica sob.

1961-2021

LOS ACUARTELADOS EN SAN ISIDRO

Crónica sobre la disidencia artística en Cuba
1961-2021

Arsenio Rodríguez Quintana

Ediciones Muntaner
2021

Título de la edición original
Los Acuartelados en San Isidro
Crónica sobre la disidencia artística en Cuba 1961-2021
Autor Arsenio Rodríguez Quintana. ©
Foto de la cubierta por determinar. Vecina de San Isidro,
Primera edición ediciones Muntaner
Arsenio Rodríguez Quintana ©
ISBN: 9798585338007
Sello: Independently published
Enero 2021
Printed in Amazon.
Corrección D.R

Lo que más me preocupa no es mi muerte.
El cambio en Cuba tiene que ser más que un líder
o movimiento.
Cada cubano tiene que ser un líder o lideresa
y agente de ese cambio que está pasando ya.
@Mov_sanisidro #estamosconectados

Luis Manuel Otero

Nadie ignora que España gobierna la isla de Cuba con un brazo de
hierro ensangrentado; no solo no la deja seguridad en sus propiedades,
arrogándose la facultad de imponerla tributos y contribuciones a su
antojo, sino que teniéndola privada de toda libertad política, civil y
religiosa, sus desgraciados hijos se ven expulsados de su suelo a remotos
climas o ejecutados sin forma de proceso, por comisiones militares
establecidas en plena paz, con mengua del poder civil. La tiene privada
del derecho de reunión como no sea bajo la presidencia de un jefe
militar; no puede pedir el remedio a sus males, sin que se la trate como
rebelde, y no se le concede otro recurso que callar y obedecer.
Manifiesto del 10 de octubre
El general en jefe,
Carlos Manuel de Céspedes
Manzanillo. 1868

…Tiene el miedo muchos ojos
Y vee las cosas debajo de la tierra.
Miguel de Cervantes Saavedra
Don Quijote

Índice

Introducción

"Nadie me considera un escritor político ni yo me considero un político. Pero ocurre que hay ocasiones en que la política se convierte intensamente en una actividad ética. O al menos en motivo de una visión ética del mundo, motor moral."
Guillermo Cabrera Infante, *Mea Culpa, 1992*

Contenido del libro

Este libro es una recopilación de textos que fui escribiendo mientras estuvieron acuartelados en San Isidro y en huelga de hambre y sed estos dieciséis cubanos libres y sin miedo. Contiene, además, *declaraciones*, *peticiones* y *mensajes* de los acuartelados escritos por ellos. Destaco en la 1ra Parte las consecuencias solidarias de otros artistas de la isla que hoy se agrupan tras el 27N, siglas que recogen la solidaridad física y explícita de alrededor de cuatrocientos artistas de su misma generación, y otros de larga trayectoria como los músicos Carlos Varela, Haydée Milanés y Leoni; actores y directores de cine Jorge Perugorria, Fernando Pérez, Luis Alberto García, Lynn Cruz y algunos del MSI que se fueron al Ministerio de Cultura a *plantarse* a exigir un dialogo con el ministro para proteger los derechos del MSI y de ellos mismos, en una velada sin dormir hasta el amanecer que ya es historia activa de la disidencia artística en Cuba.
Aunque hay textos de la 2da Parte que fueron escritos antes de noviembre del 2020, o sea, en los últimos diez años donde se advierte que el estallido del MSI es otro efecto de disidencia más, aunque su calado e impacto gracias a las redes ha sido mayor. Un acercamiento preliminar, aunque no completo de antecedentes

importantes de disidencia artística en los últimos 60 años de revolución cubana: *PM, UMAP, Grupo Puente, Caso Padilla, Reinaldo Arenas, Arte calle, Generación Y, Festival de Rotilla*, entre otros. Aclaro que este libro no es una recopilación sobre la oposición política en Cuba, ese es un trabajo que les dejo a otros, yo me centro en las *disidencias artísticas*. Conozco la importancia en estos años de *Las Damas de Blanco*, de *Osvaldo Payá, Orlando Zapata* Tamayo o UNPACU, entre otros, pero como ya dije mi libro lo enfoqué en esta dirección.

Destaco también los efectos y afectos que han despertado los *acuartelados* en cubanos que viven fuera de la isla, y como comenzaron una amplia solidaridad a través de protestas en embajadas y consulados cubanos de América y Europa.

Quizás los acuartelados conectaron muchos con esta chispa porque tienen premisas básicas que antes otros no se habían planeado. No quieren irse del país, (dos de los 16 acuartelados ya vivían antes fuera de Cuba y regresaron: Iliana Hernández y Carlos Manuel Álvarez) quieren una nueva Cuba para todos, hablan con el conocimiento de la calle. No desprecian otros colectivos más intelectuales, artistas de otras disciplinas, o gente de la calle solidaria.

Orígenes del MSI

El Movimiento San Isidro (MSI) surge cuando el actual presidente de Cuba, Miguel Díaz-Canel promueve una serie de leyes que limitan la actuación en Cuba de artistas independientes, en torno a la reforma de la Constitución. Esto activa principalmente a artistas como Luis Manuel Otero Alcántara quien no recibe formación académica pero ya en 2018 cuando ocurre esta reforma, ha recibido suficiente reconocimiento dentro y fuera de Cuba como para exigir que la formación académica no es un impedimento para ser artista, uno de los puntos polémicos de la nueva ley. Él y otros muchos artistas que viven en Cuba tienen algo más importante, han perdido el miedo, y si alguien busca sus derechos sabiendo las consecuencias y persiste, cualquier gobierno tendrá un problema, la dictadura cubana, también.

Las medidas que promueve Canel en agosto del 2018, para una nueva constitución, permiten o activan el efecto de la formación en septiembre de ese año del grupo MSI, liderado por Luis Manuel Otero Alcántara. Ellos desde esa fecha comienzan a realizar una serie de acciones en contra del decreto 349, con el cartel SIN349 que se hace viral en muros de artistas plásticos, fotógrafos y escritores o *performance* que no están en el MSI, pero comparten sus ideas; aunque hay otros decretos, en este se hace más énfasis. De forma espontánea y siempre pacífica, muchos se unen a esta causa.

¿Qué es el 349?

En Resumen: La nueva ley actualiza otro decreto, el 226, que data de 1997 y regula la política cultural y la "prestación de servicios artísticos". Las transformaciones de la sociedad cubana a partir de la aprobación del cuentapropismo extendieron la actividad cultural más allá de las instituciones oficiales hacía unos ambiguos "espacios públicos no estatales". Muchos de esos lugares son los escenarios más vitales del arte que se hace hoy en la isla. Han proliferado galerías y sedes de teatro en domicilios privados, restaurantes con programación cultural, exhibiciones alternativas de materiales audiovisuales, que ahora serán colocadas automáticamente bajo sospecha. En resumen, la ley exige la aprobación de las autoridades para que los artistas puedan presentar su trabajo al público y crea la figura del inspector que podrá cerrar una exposición o terminar un concierto si determina que estos no están acordes con la política cultural de la Revolución. Otro de los puntos ambiguos de la norma legal es la definición de la figura de artista y hasta qué punto ésta implica la necesidad de adscribirse a una institución estatal.

Miguel Díaz-Canel y el nuevo ministro de Cultura, Alpidio Alonso, se encontraron con el rechazo de otros artistas reconocidos como Silvio Rodríguez, José Ángel Toirac, Luis Alberto García (actor trastocado en *influencer* muy mediático en las redes) o una "artivista" de renombre internacional como Tania Bruguera, por citar solo algunos ejemplos.
Ahora quienes de verdad hicieron continuidad en esta protesta de SIN349 fueron el MSI: Luis Manuel Otero, Yanelys Núñez, Amaury Pacheco, Iris Ruiz, Michel Matos, Sándor Pérez, Adonis Milán, los escritores Javier Moreno y Verónica Vega, el pintor Yasser Castellanos.
Como era de esperar y como ocurre en Cuba desde 1959, la policía política tomo cartas en el asunto y la

mayoría de estos artistas y otros que hicieron pública su oposición a este *Decreto* sufrieron el modus operandi de un sistema represor: amenazas, arrestos absurdos, interrogatorios, y por supuesto la censura habitual y el silencio informativo habitual en estos casos.

Por citar dos ejemplos surgidos en respuesta a ese polémico decreto, Luis Manuel Otero, encarcelado 12 días en marzo por usar de forma "denigrante," según las autoridades, la bandera cubana en una performance; y el rapero Maykel (Osorbo) Castillo, condenado en 2018 a un año de prisión por "atentar contra la autoridad."

Papel de las redes sociales en los artistas disidentes: #estamosconectados, #cubasomostodos

Lo que cambia todo en este contexto es precisamente la apertura en Cuba, aunque con muchas dificultades de precio y calidad, de internet; el acceso a este canal informativo fuera del oficial ha sido vital para el despertar de la conciencia de la población cubana dentro y fuera de quien casi siempre se había mostrado pasiva o "desconcertada" de esta realidad, o sea, la disidencia, lo que demuestra que anteriores movimientos artísticos disidentes no tuvieron éxito, no por el poco valor de los cubanos sino por el desconocimiento y la desinformación oficial. No es casual que la frase o *hashtag* predilecto del MSI sea: #estamosconectados.

El papel de las redes ha sido vital para que por primera vez, en torno del MSI dentro y fuera de Cuba, el apoyo haya sido mucho mayor; desde *youtubers* como Otaola, el más famoso, quien dice dedicarse "el chisme", pero su canal es tan político como social, hasta Eliecer Ávila, quien se dedica exclusivamente a la disidencia política. Sin duda, llama la atención las trasmisiones "directas", que alcanzan *views* entre dos mil y tres mil conectados en ese instante. Y no solo la gente se conecta, sino que comparte. Y ha hecho de este fenómeno de MSI en una adicción mediática casi *telenovelada* de sucesos. Donde MSI tiene el rol principal, pero la policía política tiene el segundo, y las redes, a través de youtubers, muros de Facebook y revistas digitales tienen otro. Todo esto lleva a que las campañas negativas del *Granma*, *Juventud Rebelde* y la *TV cubana*, con mesa redonda incluida queden desacreditadas de facto.

En paralelo a esta oposición al SIN349 se consolidan varias revistas digitales que ya habían nacido entre el 2014 y el 2016 *Periodismo de Barrio* (2015), *Cachivache Media* (2016-2017), *14ymedio* (2014), *Cibercuba* (2014), *El Estornudo* (2016) (su director, Carlos Manuel Álvarez está dos días acuartelado en San Isidro), El *Toque* (2014), *Hypermedia Magazine* (2016), Negolution (2016*), PlayOff* (2015), *Postdata* (2016)[1]. Como puede verse casi todos nacieron a partir de 2014, llevadas y escritas por jóvenes periodistas que viven la realidad cubana mayoritariamente y que han perdido todo el sentido del miedo y la censura a pesar de las consecuencias de vigilancia y arrestos que sufren, el caso de Luz Escobar, o Mónica Baró, esta última premiada en el exterior por su labor periodista, son ilustrativas, aunque hay otras muchas. Todas han respaldado sin fisuras a los acuartelados.
Este eco en la redes sociales dado por esas revistas tiene un espaldarazo directo en el exterior, y en revistas digitales hechas fuera de Cuba que ya

---

[1] *Casi todos los medios emergentes cubanos han sido objeto de amenazas o cualquier otra forma de hostigamiento. Algunos periodistas radicados en Cuba han sido interrogados por el Departamento de la Seguridad del Estado y otros han sido acosados en las redes sociales por perfiles y páginas falsos o anónimos. Elaine Díaz*, Blogger, 11 de enero 2018.

existían, *Diario de Cuba*, o *Puente a la Vista*, pero dirigidas por personas que no viven hace mucho tiempo allí, se reactivan con esto y su eco de alguna forma despierta lentamente la solidaridad de cubanos en el exterior que por norma general no apoya este tipo de sucesos por miedo a represalias en sus visitas vacacionales año tras año tanto de Europa como de Estados Unidos.

Luis Manuel Otero Alcántara y los acuartelados al completo son conscientes por primera vez de la fuerza que tiene tener el respaldo de la prensa digital en el exterior hecha por cubanos y de la prensa plana de España. Miami históricamente ha respaldado cada protesta de oposición en Cuba sin fisuras, por eso destacar que España, u otras ciudades de E.U y Europa lo hacen da un valor distinto, o superior. Además, desmonta la tesis gubernamental cubana, de que son agentes pagados por la CIA, o por mercenarios, pues entonces ¿quién les paga a los escritores, artistas y a los cubanos exiliados y residentes en Europa que se solidarizan con los acuartelados? ¿El FBI?

El elemento europeo en el apoyo a estos artistas disidentes dados por *BBC, France24, EuroNews y DW* desmonta cualquier teoría conspiratoria de la revolución cubana actual.

Tanto los periódicos de derechas en España como los progresistas (decir izquierda *El País* es un chiste) siguen al pie de la letra cada suceso de los acuartelados del MSI en los últimos dos años, y sin dudas la policía política de Cuba, y Fernando Rojas que la lidera, es conocedor de esto. Por eso las detenciones de Luis Manuel, se convierten en visitas a las estaciones, siempre desagradables, pero nunca como sucedía cuando no existía esta visibilidad viral en las redes.

La *causa* que impulsa a los acuartelados a plantarse

Así están las cosas cuando el 9 de noviembre del 2020, Denis Solís, publica un video donde un policía en Cuba se toma el derecho de entrar a su casa sin su consentimiento para citarlo a la policía.

Este video y su difusión en las redes sociales despertó en un primer momento, la solidaridad de muchos y el rechazo de algunos. Quizás porque la arbitrariedad en Cuba está instalada hace 61 años, y mucha gente ve como normal, que un policía entre a tu casa, sin permiso alguno, sin orden de detención, sin identificarse, viole tus derechos de intimidad y lo normal es quedarse callado.

Denis Solís, insulta a este policía y lo expulsa de su casa con un lenguaje ciertamente soez, seguramente igual que cualquiera utilizara en Cuba para sacar un intruso de su casa, sino es que lo agrediera físicamente antes. Su lenguaje, y no la violación del espacio privado del policía es la base de los detractores del MSI para no solidarizarse con él, sin ver que eso que es habitual, violar derechos, es la causa y no el lenguaje.

Cuando es detenido Denis Solís, Luis Manuel Otero Alcántara y algunos otros miembros de la sociedad civil cubana, se encierran en su casa Damas 955 (sede del MSI) para pedir la liberación de Denis Solís.

El 17 de noviembre de 2020 el Movimiento San Isidro, convocó a un "susurro poético" en La Habana Vieja para exigir la liberación inmediata del rapero Denis Solís González, activista del grupo injustamente encarcelado por expresar sus ideas políticas. "*Los habaneros están invitados a acompañarnos en la sede del movimiento, sito en Damas 955 entre San Isidro y Avenida del Puerto", escribieron. "Aquí estaremos por varios días un grupo de artistas y amigos compartiendo nuestras obras preferidas, cantando, actuando e imaginando una Cuba más plena para todos. Queremos que se unan al susurro poético todos los que entiendan que, al exigir la liberación de Denis, estamos exigiendo también nuestra propia liberación".*

Cercados por la policía política en la calle Damas 955 en La Habana Vieja, esquina San Isidro, y tras serle interceptado un envío de alimentos, nueve de los quince miembros del grupo iniciaron una huelga de hambre el 18 de noviembre. Del Movimiento San Isidro solo pertenecen tres: Luis Manuel Otero, Maykel (Osorbo) y Yasser Castellanos. Los trece restantes vienen de la sociedad civil cubana, desde poetas hasta amas de casa o cuentapropistas.
Poco más de una semana después, el 26 de noviembre, tras varios episodios de *terrorismo oficialista*, la sede del movimiento fue asaltada por agentes de la Seguridad del Estado disfrazados de trabajadores de la Salud Pública, y los huelguistas y sus amigos detenidos y dispersados, a Luis Manuel Otero no le dejan regresar a su casa y a pesar de no estar preso, no le dejan volver, una situación de semi secuestro. Hecho que ocurre con Tania Bruguera también a pesar de no ser acuartelada, el secuestro de Tania Bruguera al intentar salir libre de su casa por personajes siniestros de la seguridad, dejó espantada a la actriz Lynn Cruz que iba con ella y lo narró en su muro.
Antes del asalto a Damas 955, previamente fueron desconectadas las redes sociales en Cuba, además de apagones para disminuir las grabaciones o fotos del asalto que finalmente salieron a luz de la sede los acuartelados de San Isidro.
Eso no había pasado hasta ahora en otra generación. Son disidentes, artistas y políticos a la vez. Uno de estos conceptos no lo son más que otros. Llevan el germen del cambio y llevan grabado en la piel *Cuba somos todos*, en ellos no es una frase hecha.

Cuando Mick Jagger les preguntó a los cubanos en su concierto histórico en La Habana en 2015: *¿Las cosas están cambiando en Cuba, ¿verdad?*
y todos respondieron "¡Síííí!" Quizás todos no eran conscientes de esto, pero quizás algo comenzó a rodar en ese momento que quedó clavado en la memoria colectiva de una generación que ya comenzó un cambio y los acuartelados de San isidro solo son la primera fase.

El propósito de este libro no es retratar un éxito, sino dejar una foto fija de un evento que ha calado al menos en gran cantidad de artistas cubanos de una generación, y cubanos residentes allí, y no vinculados al arte fuera de Cuba. Se engaña quien crea que si el gobierno admite que tiene disidencia es un logro, oposición hay en todos los países democráticos, eso es normal, allí solo es un paso tras sesenta años sin moverse; el logro será cuando se logre poner "urnas" y unas elecciones con los partidos que se presenten y el control ajeno al estado de los medios de difusión. Lograr que el gobierno tolere disidencias es escaso, por eso este libro es para advertir que no caigan en un bucle de promesas que no lleven una libertad plena de derechos, el cambio puede ser un hecho si a este se siguen sumando todos abandonando sus deseos personales y sí, buscando el bien común, incluso de los cubanos que no piensan como él.

Ese motor ético que hoy representan los acuartelados en San Isidro, me llevó a reunir mis ideas de disidencia artística en Cuba en estas páginas que espero la mayoría vea como la composición de eslabones que siempre conducen a sembrar nuevas libertades y derechos.

Arsenio Rodríguez Quintana
Barcelona 28 de enero del 2020

1ra Parte

Preferimos invertir nuestras esperanzas en "redes" más que en relaciones porque esperamos que, en una red, siempre haya números de teléfono móvil disponibles para enviar y recibir mensajes de lealtad.
Zygmunt Bauman
Miedo Líquido

Atravesamos días egipcios, lo que está muerto se embalsama y los familiares siguen llevando comida y perfumes para seguir creyendo en una existencia petrificada (…) Conservar lo muerto, embalsamando y perfumando, es el primer obstáculo para la resurrección
José Lezama Lima
Mi Correspondencia con Lezama. (Carta de enero y 1948)

MSI: nueva cadena de ADN en busca de libertad y derechos para los artistas en Cuba

Los acuartelados del MSI no surgen de la nada en Cuba, son producto de un proceso cíclico de reivindicaciones por la libertad de expresión desde el instante en que Fidel Castro pronunció en *Palabras a los intelectuales* en 1961: "¡*Dentro la revolución todo, contra la revolución nada!*"

No se me ocurre otra forma de explicar qué pasa con los acuartelados del MSI si no es mostrando la cadena de ADN en la búsqueda de la libertad de expresión en Cuba a través de una cronología histórica, cuya secuencia pretende tejer una línea donde puede verse la constancia de estos grupos o personas en exigir derechos fundamentales desde los años sesenta, la mayoría quedó silenciado. El cambio significativo hoy viene dado por las redes sociales, que, a partir del 2015, llegada de la *wifi* a Cuba, dejan de ser una protesta local para ser una protesta global en los muros de los cubanos que viven en el exterior y se viraliza su apoyo. Es imposible relatar en un texto breve todos los sucesos de represión a artistas cubanos en sesenta años, esta cronología es una aproximación, insisto preliminar y no completa de un grupo de disidencias artísticas en los últimos sesenta años.

Guillermo Cabrera Infante de pie y futuro premio
Cervantes en 1997 junto a Marlon Brandon en el
Hotel Packard, La Habana, en 1956

1960. Guillermo Cabrera Infante y el documental *PM*,
(Pasado Meridiano). PM fue un documental para un
reportaje sobre cómo el pueblo cubano se preparaba
para hacer frente a la invasión de *Bahía de Cochinos*.
Orlando Jiménez Leal y Saba Cabrera Infante, tras
filmarlo y recibir la advertencia de que incluyera a los
militares armados, prefirieron elaborar por su cuenta
un cortometraje *free cinema*, sólo con las secuencias
grabadas en los bares cercanos a la avenida del puerto
en La Habana Vieja. Fue prohibido por Fidel Castro. El
30 de junio de 1961 pronunció su célebre frase citada al
inicio. Guillermo Cabrera Infante hermano de Saba y

director de *Lunes de Revolución* abandonando el país. La
censura pasa a ser la horma natural del Estado cubano.
Las palabras de Fidel Castro *¿Debe haber o no una
absoluta libertad de contenido en la expresión artística?", se
preguntó. "El artista más revolucionario es aquel que está
dispuesto a sacrificar hasta su propia vocación por la
Revolución", respondió. "El pueblo es la meta principal. En
el pueblo hay que pensar primero que en nosotros mismos. Y
esa es la única actitud que puede definirse como una actitud
verdaderamente revolucionaria (…) Dentro de la Revolución,
todo; contra la Revolución, ningún derecho", dijo.*

Ana María Simó, foto Elisa

25

1961-1965. Ediciones El Puente.
Fue un proyecto literario concebido por y para autores
jóvenes en Cuba. Publicó varios títulos, dando a
conocer a nuevas voces y realizando lecturas y
performances. En cambio, es recordado principalmente,
como una de las víctimas de la represión social en
Cuba. Acusado de extender la homosexualidad, el
Black Power, de publicar a exiliados y de tener
relaciones con extranjeros. Ana Simó, líder y figura
clave abandono el país, otros como Miguel Barnett,
Nancy Morejón o Fullera León se quedaron. Su látigo
cultural fue la revista *El caimán barbudo*.

UMAP 1965-1968. Unidades Militares de Ayuda a la
Producción.
Por estos "campos de trabajo" pasaron 25.000 hombres
en edad militar por diversos motivos: ser homosexual,
burgués o religioso. Tenían que ser «reeducados» por la
Revolución. Muchos artistas pasaron por allí, Pablo
Milanés entre ellos.

1968-1971. Libro *Fuera de Juego* de Heberto Padilla. Este
libro fue Premio de la UNEAC,1968, gracias a José
Lezama Lima, presidente del jurado. La UNEAC no
estuvo de acuerdo y declaró que Padilla *"mantiene dos
actitudes básicas, una criticista y otra antihistórica"*. En
1971 Padilla fue encarcelado. Intelectuales como*: Julio
Cortázar, Simone de Beauvoir, Marguerite Duras, Carlos
Fuentes, Alberto Moravia, Octavio Paz, Juan Rulfo, Jean-
Paul Sartre, Susan Sontag, Mario Vargas Llosa* y muchos
otros se interesaron por él. Tras 38 días de reclusión en
Villa Marista, Padilla se retractó de todo, más tarde
abandonó Cuba.

FUERA DEL JUE-
GO HEBERTO PA-
dilla Premio de poe-
sía "Julián del Casal"
UNEAC 1968

UNION ⊕

¡Al poeta, despídanlo!
Ese no tiene aquí nada que hacer.
No entra en el juego.
No se entusiasma.
No pone en claro su mensaje.
No repara siquiera en los milagros.
Se pasa el día entero cavilando.
Encuentra siempre algo que objetar
Fragmento de *Fuera de Juego*. Heberto padilla

1980. Éxodo del Mariel. El gobierno cubano aprovechó los sucesos del Mariel para echar del país a intelectuales incómodos por ser homosexuales o contrarrevolucionarios. El escritor Reinaldo Arenas, aprovechó esta cobertura para abandonar el país. Mientras estuvo en Cuba sufrió cárcel durante años, ostracismo cultural y sectarismo por ser contrario al gobierno.

1986. Adrián Morales. Era un destacado cantautor y pintor de mediados de los ochenta en La Habana, en ese año en un *Festival de la Trova* en abril, se atrevió a cantar en el anfiteatro del Almendares una canción contestataria de clara disidencia artística que versaba sobre la violencia policial: *Y nunca habrá un policía que me detenga por abrazar a un hermano*. La policía subió al escenario y se lo llevaron detenido. Desde esa fecha vive en Barcelona pintando, grabando discos, pero se adelantó en disidencia artística a las metáforas de Carlos Varela o Pedro Luis Ferrer.

Adrián Morales. Foto Carlos Cárdenas. Miami

1987. Arte Calle. Grupo formado por diez u once jóvenes liderados por Aldito Menéndez con edades entre los 15 y los 18 años, aprovechaban eventos que se llevaban a cabo en la ciudad para realizar intervenciones formado por *Iván Álvarez, Ariel Serrano, Offil Hecheverría, Erick Gómez, Ernesto Leal, Leandro Martínez, y Pedro Vizcaíno. No queremos intoxicarnos*, hecha en 1987, fue una de ellas. Irrumpieron en una conferencia de la UNEAC con las caras cubiertas por máscaras de gas y pancartas *"Críticos de arte: sepan que no les tenemos absolutamente ningún miedo", "En caretas cerradas no entran moscas" y "Revolución y cultura"*. Su objetivo principal era usar el performance como estrategia de acción directa y burlar la censura del gobierno. A medida que la línea divisoria entre arte y denuncia política se fue esfumando, la censura llegó al límite con la agresión física y el arresto de los artistas por parte de la seguridad del Estado. El pisotear el retrato del Che Guevara en la inauguración de una exposición, como parte de un performance de Arte Calle, creó gran conmoción.

Arte Calle

1988. Proyecto PAIDEIA. Jóvenes escritores redactan el primer texto que se conoce como PAIDEIA. Un proyecto que pretendía, optimizar el uso de las instituciones culturales cubanas, exigir que el diálogo entre los intelectuales y el poder político no fuera unidireccional y promover un concepto integral y humanista de la cultura. Rolando Pratt, Ernesto Hernández Busto, Rolando Sánchez, Radamés Molina, Omar Pérez y Víctor Fowler entre otros. La mayoría abandonaron el país, más tarde. Rolando Pratt, líder del proyecto comenta para *El Estornudo (agosto 2020):* *"Aldana había afirmado que nosotros*

-y por ese nosotros entiéndase aquí el nosotros político de PAIDEIA y Tercera Opción- nos habíamos convertido en el reto político más difícil que había enfrentado jamás la Revolución, por tratarse de jóvenes nacidos después de 1959, formados y educados por la Revolución, profesamente revolucionarios, consciente y electivamente alineados con los presupuestos generales filosóficos de la Revolución, abiertamente críticos del estado de cosas e insatisfechos con ese estado de cosas".

Ernesto H. Busto

1990. Performance y artista Ángel Delgado en la exposición *El objeto Esculturado, Centro de desarrollo de las Artes Visuales,* este artista defeca sobre el periódico *Granma. "Después de ir a prisión seis meses por ese performance, mi obra se basa fundamentalmente en las limitaciones, restricciones, prohibiciones, controles y la falta de libertades que constantemente les son impuestas al ser humano dentro de la sociedad",* declaró el artista a *Cubaencuentro,* en 2009. Delgado cuenta que "de la cárcel" extrajo "los principales recursos técnicos e instrumentales", y aprendió con sus "compañeros de cautiverio, a dibujar sobre pañuelos con lápices de colores y cold cream, y a tallar imágenes sobre jabones de lavar".

Ángel Delgado, performance
La esperanza es lo último que se está perdiendo, 1990

1991. Carta de los Diez. Intelectuales cubanos firman una carta donde piden cambios en Cuba. María Elena Cruz Varela y Manuel Díaz Martínez entre otros. El Granma los fulmina como traidores y echan a Manuel de la UNEAC.

2003. Primavera Negra o Grupo de los 75. Diferentes activistas opositores, entre ellos escritores y periodistas son juzgados y encarcelados. El poeta Raúl Rivero era el escritor más importante de ese grupo, condenado a 20 años de prisión durante la llamada *Primavera Negra, acusado de realizar actividades subversivas encaminadas a afectar la independencia e integridad territorial de Cuba, escribir contra el gobierno, haberse entrevistado con James Cason, un diplomático estadounidense, y haber organizado reuniones subversivas en su domicilio.*

Gorki y Lía Villares

2003. El grupo de punk rock *Porno Para Ricardo* se convierte en el grupo de Rock que simboliza la disidencia artística por excelencia, su líder va a cárcel dos años 2003-2005, cumpliendo condena por supuestamente portar drogas. Gorki declara que fue una trampa. El 25 de agosto de 2008, Águila fue nuevamente detenido por la policía cubana bajo la acusación de «peligrosidad social predelictiva». La detención de Gorki, interpretada como un atentado contra *la libertad de expresión*, produjo un gran movimiento de solidaridad nacional e internacional que exigía su liberación que logra posteriormente. Claudia Cadelo (Octavo Cero), Yoani Sánchez (Generación Y) Laritza Diversent y Lía Villares todas blogueras y activistas lideran esta campaña desde Cuba donde el miedo a la seguridad del estado cubano pasó a ser algo secundario.

Claudia Cadelo, Yoani y Lía Villares

2007. Yoani Sánchez (1975) Funda su blog *Generación Y* dando una visión en cada post de una Cuba muy lejana pero más real de la que dan los medios de comunicación oficiales en Cuba convirtiéndose para el Estado cubano en una disidente, pero con millones de visitas a su blog despertando a cubanos que ya vivíamos fuera, aunque allí internet es un sueño aún y se convierte en un exigencia y derecho de Yoani casi en cada post. Gana premios internacionales de periodismo y es considerada por el *TIME* de las personas más influyentes. El régimen cubano este éxito mediático le impide encarcelarla o enjuiciarla, pero le niega de forma sistemática la salida del país en veinte ocasiones. No vuelve a salir hasta el 2013.

2013. Estado de Sats. Un grupo de opositores liderados por Rodiles y Ailer González Mena intentan hacer el *1er Congreso de Derechos Humanos en Cuba*. El activismo revolucionario desata su furia y le hacen actos de repudio, tocan orquestas frente a su casa y llevan niños de escuelas cercanas para que les repudien. Dentro también se encontraban poetas y artistas como Boris Larramendi que viajó de España para hacer allí un concierto inaugural.

Fotograma de documental Gusano.

2014. *El susurro de Tatlin* # 6. El arresto de Tania Bruguera en ese año hizo que el mundo del arte volteara hacia Cuba. Con este proyecto artístico la artista quería colocar un micrófono abierto en la Plaza de la Revolución de La Habana para que los ciudadanos se expresaran libres sobre el futuro de Cuba, pero el gobierno le negó el permiso para el evento y la acusó durante ocho meses de "desórdenes públicos," que terminó archivando. La Blogger Yaoni Sánchez en la 10 bienal, 2009 sí se subió al micro (susurro) de Tania Bruguera y habló de la censura.

35

Tania Bruguera

2015. El Sexto. Danilo Maldonado llena de grafitis las paredes de media Cuba con su firma El Sexto. Ironía sobre ser él *El Sexto héroe* de los cinco espías cubanos encarcelados en EE UU. Por esta acción y otros performances como poner *Se fue* en una pared del Hotel Habana Libre el día de la muerte de Fidel Castro, fue a la cárcel en varias ocasiones y obtuvo mucho respaldo y solidaridad nacional e internacional gracias a las redes sociales.

2018. *Art 349* de la Reforma de la Constitución. El gobierno cubano afronta la renovación de su nueva constitución y muchos artistas consagrados y oficiales se rebelan contra este en particular. Fue en ese instante que oí hablar por primera vez de Luis Manuel Otero Alcántara y su Museo de la Disidencia quienes fundan el MSI.

En agosto del 2020. El escritor cubano Ángel Santiesteban Prats, quien en 2008 había fundado su blog *Los hijos que nadie quiso*, cuya esencia es la oposición al gobierno cubano, por el cual es encarcelado y censurado, recibe El Premio Václav Havel 2020 por su *disidencia creativa*. Él dijo que era un reconocimiento a la oposición cubana en general. Prats ha recibido otros muchos premios literarios por sus libros. Pero es un honor para mi compartir con él en la antología de cuentos *Los últimos serán los primeros*, de Salvador Redonet, en 1993.

Miembros del MSI

En noviembre del 2020. El Movimiento San Isidro (MSI) Movimiento artístico y social de corte político cubano, creado (12 de septiembre del 2018) por un grupo de artistas e intelectuales que forman parte de la denominada disidencia cubana para protestar contra el Decreto 349. Con sede en La Habana Vieja, calle Damas

955. Combinan sus actividades de activismo político con intervenciones artísticas.

La sentencia contra Denis Solís por el Tribunal Provincial de La Habana, provocó una serie de reacciones, tanto a nivel nacional como internacional. El MSI convocó a todo el que quisiera a unirse en su sede para protestar por esta detención y cárcel, allí se reunieron los hoy llamados *acuartelados en San Isidro*: *Luis Manuel Otero Alcántara, Maykel Castillo Pérez (Osorbo), Anamely Ramos González, Omara Ruiz Urquiola, Esteban Rodríguez, Iliana Hernández Katherine Bisquet, Oscar Casanella, Abu Duyanah Yasser Castellanos, Osmani Pardo Guerra, Adrián Rubio Humberto Mena, Jorge Luis Arias, Anyell Valdés Cruz Carlos Manuel Álvarez.*

Todos se encerraron en la calle Damas 955, esquina con San Isidro, casa de Luis Manuel Otero Alcántara, nueve de ellos en huelga de hambre y sed exigiendo la liberación de Denis Solís.

La joven Anamely Ramos González, sitiada en la casa de Luis Manuel Otero Alcántara. Con gran claridad expresó que ellos no son delincuentes ni terroristas, como aviesamente ha tratado de presentarlos Capote; que están viviendo una situación extrema pero que allí ellos también están ensayando un proyecto de país diferente. "Queremos que liberen a Denis Solís y esa es la única manera de iniciar un diálogo, porque nosotros no hemos roto ese diálogo, sino que entramos a una casa a hacer un programa cultural por un amigo preso injustamente y llevábamos cuatro días de detenciones constantes y no teníamos otra manera de exigirlo. Entramos aquí para tratar de incidir desde la poesía y el arte en una sociedad que está totalmente rota y ellos se apostaron en las esquinas para impedir que nos trajeran alimentos, (y ahora) impiden la entrada de la Iglesia, de nuestros familiares y de diplomáticos. No es que Denis Solís sea nuestro amigo y necesitemos salvarlo, es que necesitamos salvar a Cuba".

Despertado en Estados Unidos y en Europa el respaldo total de la prensa, plana y digital, quienes se han manifestado en contra de las represalias desatadas por el gobierno en contra de los acuartelados. Y lo que es más importante, el respaldo dentro de Cuba por unos cientos de artistas que, por primera vez, tras el desalojo de Damas 955 (el 26 de noviembre de 2020) con el pretexto del COVID 19, fueron a pedir explicaciones y diálogo con el Ministerio de Cultura en La Habana, un hecho sin precedentes en la isla, que ahora son 27N. La experiencia del MSI ha desatado también por primera vez, protestas de cubanos residentes en el exterior, tanto en Argentina, Canadá, Madrid, Barcelona, Bilbao, Miami o New York. Aún no se sabe el alcance que tendrá San Isidro, pero sí sé que ha sacado del armario del silencio en que estaban encerrados muchos cubanos en el exterior con el *Hashtag* *#estamos*conectaos, y eso ya es una victoria de este movimiento. Cuando se le coge el gusto a la libertad, ya no se vuelve a atrás. Ahora, gestionar la respuesta del gobierno cubano con sus campañas de descrédito hacia ellos, vinculándolos con mercenarios y terroristas, será difícil. Pero como bien decía José Lezama Lima: *sólo lo difícil, es estimulante.*

27 de enero 2021. 20 jóvenes del 27N se acercan al ministerio de cultura llamados por el ministro de cultura Alpidio Alonso y su viceministro Fernando Rojas. Y al no querer entrar pues les querían despojar de sus móviles, Alpidio sale y da un manotazo a un joven; luego, les suben a la fuerza a un bus donde son golpeados y llevados a una estación policial donde sus vejados e interrogados y soltados cinco horas más tarde.

Yasser Castellanos, Amaury Pacheco, Javier Moreno, Verónica Vega, Michel Matos, Sandor
Pita, Soandris del Río, René Rodríguez, Luis Manuel Otero Alcántara,
Iris Ruiz y Yanelys Núñez. Dic.2018

Declaración del MSI

Desde la sede del Movimiento San Isidro, acusamos al Estado Cubano y a los Órganos de la Seguridad del Estado del asedio constante e invasivo que nos ha impuesto desde que llegamos aquí, pacíficamente, el lunes 15 de noviembre de 2020, con el objetivo de desarrollar un programa de actividades culturales en post de la libertad de Denis Solís González.

Nosotros no hemos cometido ninguna ilegalidad. Ellos, sin embargo, han limitado nuestro derecho a la movilidad, nos han atacado químicamente envenenando el agua de la cisterna con ácido, han amenazado a los vecinos, han restringido el acceso a la cuadra, han detenido familiares y amigos que venían a vernos, incluso a la madre de Iliana Hernández. Pero, sobre todo, interceptaron a la vecina que nos traía el miércoles nuestros suministros de comida y aseo. Y como está documentado en las directas de ese día, esa fue la razón del comienzo de las huelgas de hambre y de hambre y sed, iniciadas a las 3:00 pm.

Queremos enfatizar que ellos nos han arrojado a la huelga de hambre. Esa decisión fue también una medida de sobrevivencia para Omara Ruiz Urquiola, pues al contar la comida que quedaba, nos dimos cuenta que no alcanzaba para todos.

Yo, Anamely Ramos González, ciudadana cubana mayor de edad, profesional, profesora de la Universidad de las Artes por más de diez años, en plenitud de mis facultades mentales y físicas, responsabilizó al Estado Cubano de lo que pueda pasar con las siete personas que continúan la huelga y que ya, a partir de hoy, comienzan a debilitarse.

También pido a la Unión Europea que se interese y se pronuncie sobre la injusticia profunda que se ha cometido contra Denis Solís y sobre la crisis humanitaria que estamos viviendo en San Isidro en estos momentos.

¡Libertad para Denis!
¡Vida para todos!
¡Futuro para Cuba!
#noalaviolenciapolicial
#FreeDenis

Desde el interior de la sede del Movimiento San Isidro, en la calle Damas 955, la escritora, poeta y fotógrafa Katherine Bisquet retrata el escenario del acuartelamiento

Cuando se ven estas imágenes y se lee este texto de Luis Manuel, es imposible pensar que estos jóvenes cubanos sean mercenarios pagados por gobiernos internacionales. Es evidente que con la sola visión de estas hayan despertado la solidaridad de cubanos que vivimos fuera de Cuba.

Mensaje de Luis Manuel Otero Alcántara:

Han pasado ya diez días de mucha violencia, maltrato y persecución. Mientras, en huelga de hambre y sed, yo he dormido en una colchoneta, casi un lujo en comparación con los otros compañeros míos que duermen en el piso. Hoy amanecí con ganas de crear, con ganas de vivir. Después de más de una semana bajo el mismo techo, las personas que hemos convivido aquí como una familia me han dado una justificación de vida. Hay que celebrar la creación. El amor y la convivencia pacífica entre iguales debe crecer en Cuba cada día más.
Durante este tiempo, unos perfectos desconocidos hemos convivido en Damas 955 entre gritos y risas, pero en hermosa comunión. Los amigos preocupados y ocupados fuera de este ecosistema nos hacen llegar sus energías segundo a segundo. Mi vida tiene el valor que le da la gente, para mí el límite entre la vida y la muerte no existe.
Hoy amanecí con una nueva lección: somos piezas fundamentales en este ajedrez, somos los que generamos el cambio. El sistema juega ya con pocos peones y se les va agotando su odio, su machismo y su violencia. Me di cuenta de que seguir el juego del macho alfa solo conduce a más odio, ese odio que ha marcado a este país por décadas. Si llegase a morir, ese sentimiento aumentaría sobre todo en una generación

todavía menos manchada que las anteriores por el odio de doble vía entre poder e individuo.

Mantengo mi huelga de hambre, pero he decidido deponer mi huelga de sed y comenzar a ingerir agua. Seguiré mi lucha por la libertad del Denis y de todos los hermanos presos y abusados por un régimen en decadencia. Si la muerte me llega, que sea por un camino de amor y no de odio. Estamos a las puertas de la libertad, la prosperidad y el amor, eso lo veo claro y más cercano cada día en el horizonte. Estamos vivos y súper conectados.

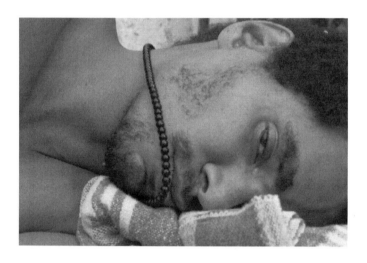

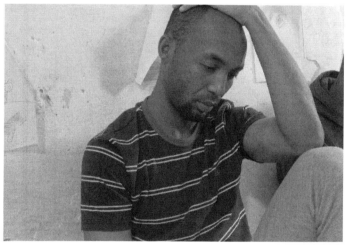

45

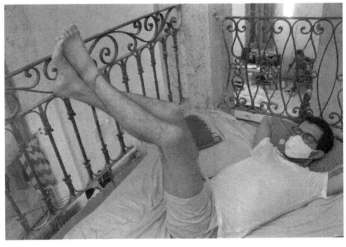

Foto de Iliana Hernández

Plano general de la sede del MSI, casa de Luis Manuel Otero Alcántara, Damas 955.

Petición a las Autoridades de la cultura cubana: Entregada a directores de ministerios e instituciones culturales. Ya tiene 400+ firmas de apoyo

La Habana, noviembre 23, 2020

A las autoridades de la cultura cubana:

Ministro de Cultura, Alpidio Alonso Grau
Presidencia del Consejo Nacional de Artes Plásticas, Norma Rodríguez Derivet
Presidencia de la Unión de Escritores y Artistas de Cuba, Luis Morlote Rivas
Dirección Museo Nacional de Bellas Artes, Jorge Fernández Torres
Presidencia de la Casa de las Américas, Abel Prieto Jiménez

Como artistas e intelectuales, profesionales del arte y la literatura de Cuba, hemos estado observando con creciente alarma la situación crítica que se ha creado alrededor de varios miembros del Movimiento San Isidro. El origen de esta crisis se debe principalmente a los métodos coercitivos utilizados por los órganos de la Seguridad del Estado para impedir una lectura de poesía en la casa del artista Luis Manuel Otero Alcántara, convocada en solidaridad con el rapero Denis Solís.

En los últimos días, estos métodos han escalado desde detenciones arbitrarias, cerco de la sede del movimiento en La Habana Vieja, con el fin de cortar el acceso de las personas a la vivienda ubicada en Damas 955; hasta medidas mucho más agresivas como, por ejemplo, la de impedir que se les entregara alimentos a los miembros del Movimiento San Isidro, e incluso episodios que incluyen preocupantes actos de violencia. Todo ello ha desencadenado una situación extrema en la que, en respuesta a este hostigamiento, varios artistas y activistas se han declarado en huelga de hambre y, en algunos casos, de hambre y sed.

Independientemente de que las instituciones oficiales cubanas quieran o no reconocerlo, el Movimiento San Isidro es un proyecto comunitario de arte independiente y nos parece un actor importante y legítimo de la esfera cultural cubana. Entre las víctimas involucradas en esta crisis hay colegas, artistas, escritores, curadores: gente muy joven y talentosa que, a pesar de su edad, ha producido un trabajo relevante y a quienes consideramos miembros orgánicos de nuestra comunidad intelectual. Entendemos que esta es una crisis en el sector de la cultura, por lo que el Ministerio de Cultura debería asumir su responsabilidad e intentar mediar ante el Ministerio del Interior para su resolución. La salud de estos jóvenes debería ser la preocupación fundamental.

Como artistas, escritores, curadores, críticos, intelectuales y miembros del gremio cultural cubano en general, pedimos al Ministerio de Cultura que dialogue con los huelguistas asediados en Damas 955, con el fin de encontrar una solución favorable y positiva que resuelva esta encrucijada sin que tengamos que lamentar una desgracia. Resulta terrible que los artistas cubanos se malogren en estos forcejeos con las fuerzas del orden, cuando lo que el país necesita es que las instituciones se abran a la diversidad de nuestra sociedad civil, y que se respete y apoye toda iniciativa artística producida en Cuba.

Esta demanda se suscribe a un reclamo mayor: el del respeto a la libertad de creación. El posicionamiento del Estado Cubano y el Ministerio de Cultura debería ser de tolerancia y respeto; de lo contrario, otras crisis de este tipo pudieran seguirse presentando con consecuencias cada vez más negativas.

La cultura no es peligrosa, no es un arma: es la expresión del pensamiento y de los intereses de una comunidad diversa y trasciende a las síntesis ideológicas en que cualquier forma de poder quiera enmarcarla.

Abogamos por una sociedad más abierta, en la que los funcionarios e instituciones de la cultura (y del gobierno, en general) participen de una ética de la democracia, apegada a la tolerancia, el civismo y el respeto al Otro. Rechazamos la discriminación, la deshumanización y las técnicas represivas que se vienen utilizando para resolver problemas civiles.

Atentamente, los abajo firmantes:

1. Aaron R. Moreno
2. Abel González Fernández
3. Abisay Puentes
4. Adonis Ferro
5. Adonis Milán
6. Adriana Jacome
7. Alejandra Pino Díaz
8. Alejandro Alfonso
9. Alejandro Amaro
10. Alejandro Campins
11. Alejandro Sin Barreras
12. Alenmichel Aguiló
13. Alexander Pozo
14. Alexis de la O
15. Alfredo Martínez Ramírez
16. Alicia Hernández Moreno
17. Alicia Schoppner
18. Alina Castillo Domínguez
19. Álvaro Álvarez
20. Amaury Pacheco
21. Amed Aroche
22. Amparo Moreno Narro
23. Ana Aragón Calvo
24. Ana Olema Hernández Matamoros
25. Anabel A. Zenea
26. Andrés Isaac Santana
27. Ángel Pérez
28. Ania Puig Chang
29. Anniet Forte
30. Antonio Enrique González Rojas
31. Arsenio Rodríguez Quintana
32. Aryam Rodríguez Cabrera
33. Aurora De Los Ángeles Oliva Martín
34. Aurora Carmenate Díaz
35. Benjamin Del Castillo
36. Boris González Arenas
37. Camila Cabrera Rodríguez
38. Camila Lobón
39. Carlos A. Aguilera
40. Carlos Aníbal Alonso
41. Carlos Lechuga
42. Carlos Quintela
43. Carlos Vilá
44. Carolina Barrero
45. Carolina Ferrer Celma
46. Celia González Álvarez
47. Cirenaica Moreira
48. Claribel Calderius
49. Claudia Genlui
50. Claudia Mare
51. Claudia Patricia
52. Coco Fusco
53. Cristian Cuevas
54. Daiyan Francisco Noa
55. Daleysi Moya Barrios
56. Damián Casañanas
57. Danae Diéguez
58. Danay Vigoa
59. Dani Eliot
60. Dean Luis Reyes
61. Diana Cassola
62. Diego Doñate
63. Douglas Arguelles Cruz
64. Dyango Pulido
65. Virginia Ramírez Abreu
66. Edgar Ariel

67. Edgar Pozo
68. Eduardo Aparicio
69. Eduardo Zarza
70. Elena V. Molina
71. Elisabetta Ale
72. Eloy Moreno Navarro
73. Ernesto Estévez García
74. Ernesto García Sánchez
75. Ernesto Javier Fernández Zalacaín
76. Ernesto Oroza
77. Ezequiel O. Suárez
78. Fabiana Salgado
79. Frency Fernández
80. Gabriela Román
81. Gerardo Fernández Fe
82. Gerardo Mosquera
83. Gerardo Muñoz
84. Glenda Ferbeyre
85. Grisel Cristina Antelo
86. Hamlet Lavastida
87. Héctor Trujillo
88. Henry Eric Hernández
89. Heidi García
90. Heidi Hassan
91. Ibrahim Hernández Oramas
92. Ibrahim Miranda
93. Iris Ruiz Hernández
94. Irolán Maroselli
95. Isabel Zoe Schoppner
96. Iván Abreu
97. Iván De la Nuez
98. Jamila Medina Ríos
99. Javier Caso
100. Javier Castro
101. Jennifer Acuña Velazco
102. Jenny Feal
103. Jenny Sánchez Martínez
104. Jesús Ballosta Flores
105. Jesús Jank Curbelo
106. Joel Suárez
107. Jorge Enrique Rodríguez
108. Jorge Peré
109. José Antonio Navarrete
110. José Eduardo Yaque
111. José Luis Aparicio Ferrera
112. José Manuel Mesías
113. José Raúl Gallego
114. Juan Manuel Tabío
115. Juan Miguel Pozo
116. Juan Miguel Sala
117. Juan Sí González
118. Juani Arístides
119. Juliana Rabelo
120. Julio Hernández Moreno
121. Julio Llópiz-Casal
122. Julio Lorente
123. Julio Ramón Serrano
124. Karla María Pérez González
125. Kiko Faxas
126. Ladislao Aguado
127. Laura Hernández Moreno
128. Lázaro Saavedra
129. Leandro Feal
130. Legna Rodríguez
131. Léo Juvier-Hendrickx
132. Leslie García Blanco
133. Lesly Fonseca Tundidor
134. Lester Álvarez
135. Lester Dubé Pita
136. Lester Manuel Corzo
137. Levi Orta
138. Liatna Rodríguez López
139. Linet Cums Yumar
140. Liz Solange
141. Luis Alberto Mariño Fernández
142. Luis Enrique Fernández
143. Luis Enrique López-Chávez
144. Lupe Álvarez
145. Luz Escobar
146. Lynn Cruz
147. Magela Garcés
148. Maikel Domínguez
149. Mairen Fernández Castillo
150. Manuel Hernández Morejón
151. Marcelo Morales
152. Marcos Castillo
153. Mari Claudia García
154. María Klever

155. María de Lourdes Fernández Mariño
156. María Karla Olivera
157. María Matienzo
158. Mario Luis Reyes
159. Marleidy Muñoz
160. Marta María Ramírez
161. Masiel Rubio
162. Michel Mendoza Viel
163. Michel Pérez Pollo
164. Miguel Coyula
165. Milton Raggi
166. Miryorly García Prieto
167. Mónica Baró
168. Mytil Font Martínez
169. Nelson Barrera Hernández
170. Nelson Jalil
171. Nelson Ladicani
172. Néstor Jiménez
173. Nils Longueira Borrego
174. Nonardo Perea
175. Oderay Ponce de León
176. Olimpia Ortiz
177. Omar Estrada
178. Orlando (Filio) Gálvez
179. Osmany Suárez Rivero
180. Osmy Moya
181. Paolo De
182. Patricia Pérez Fernández
183. Pedro Luis Garcia
184. Peter Bosch
185. Rachel Gutiérrez San Pedro
186. Rafael Diaz Casas
187. Ramón Hondal
188. Ranfis Suárez Ramos
189. Raúl Capote Braña
190. Raúl E. Medina Orama
191. Ray Veiro
192. Raychel Carrión
193. René Francisco Rodríguez
194. René Peña
195. Renier Quer
196. Reynier Leyva Novo
197. Ricardo Acosta
198. Roberto Rodríguez Reyes
199. Rocío García
200. Rodolfo Peraza
201. Roland Schimmelpfennig
202. Rolando Vázquez Hernández
203. Rubén Cruces-Pérez
204. Rubén Fuentes
205. Salomé García Bacallao
206. Sandra Ceballos Obaya
207. Sandra Contreras Tablada
208. Sandra Ramos
209. Sara Alonso Gómez
210. Sarah Bejerano Duchens
211. Sheyla Pool
212. Sofía Marqués de Aguiar
213. Solveig Font
214. Susana Mohaned
215. Suset Sánchez
216. Tamara Díaz Bringas
217. Tania Bruguera
218. Víctor Alexis Puig
219. Víctor Fernández
220. Yaima Carrazana
221. Yanelys Núñez
222. Yanier Oreste Hechavarria
223. Yanko Moyano Díaz
224. Yarisley Medina
225. Yelsy Hernández Zamora
226. Yimit Ramírez
227. Yirka Docttú Aballe
228. Yissel Arce Padrón
229. Yohana Beatriz Martínez Abreu
230. Marta María Pérez
231. Laura Garciandía
232. Gabriela Garciandía
233. Rafael Almanza
234. Samuel Riera
235. Alejandro Ulloa
236. Tamara Venereo
237. Osvaldo Hernández
238. Gabriela Burdsall
239. Claudia Elizabeth Ruiz García
240. Angélica María Cruz Fornet

241. Luis Daniel Jerez González
242. Isel Arango
243. Claudia Veloso Álvarez
244. Ivia Pérez
245. Mario Ramírez
246. Maritza Herrera Soler
247. José Luis de Cárdenas Vera
248. Yali Romagoza
249. Kizzy Macías
250. Ernán López-Nussa
251. Fidel Yordán Castro
252. Laura Cisneros
253. Manuel Piña
254. Frank Padrón Rojas
255. Maikel González Utra
256. Luis Enrique Carricaburu Collantes
257. Daniel J. Escudero
258. Dania González Sanabria
259. Aissa Santiso
260. Julia León
261. Adriana Choy León
262. Ernesto Urra Gallart
263. Yuliet Aguilar
264. Ariadna del Carmen Kott
265. Atelier Morales
266. Lilianne Ferrer
267. Simarik Lucía Jiménez Pérez
268. Gabriel Leiva Rubio
269. Lourdes Terry
270. Erivel Pérez
271. Gilda Pérez
272. Janet Batet
273. John Cambra Rojas
274. Elio Fonseca Cardoso
275. Claudia Calviño
276. Fabián González
277. Roger Toledo Bueno
278. Jessica Beltrán
279. Raciel Gómez Golpe
280. Lázaro M. Benítez Díaz
281. Víctor Varela
282. Jorge Félix Cabrera
283. Alejandro Taquechel
284. Ahmel Echevarría Peré
285. Teresa Sánchez Bravo
286. Diana Rosa Latourt
287. Daniel Díaz Mantilla
288. Alicia Leal
289. Arturo Infante
290. Klenia Velazco Tamayo
291. Hamlet Fernández Díaz
292. Carlos Garaicoa
293. Mauro Ferrer Font
294. Alejandro Gutiérrez
295. Hilda del Carmen Landobre Torres
296. Ivette Corcho Pérez
297. Ana Moreira Leal
298. Jorge Luis Marrero Carbajal
299. Adriana Arronte
300. Adalixis Almaguer
301. Mónica R. Ravelo García
302. Yoel Díaz Vázquez
303. Matteo Faccenda
304. María Caridad Cumaná
305. Ana María González Gorriz
306. Thalía Díaz Vieta
307. María Antonieta Urquiza
308. Víctor García LEIKO
309. Wilfredo Cabrera
310. Gabriela Ramos Ruiz
311. Yenisel Osuna Morales
312. Gretel Alvisa Realín
313. Sergio Limonta Soto
314. David Prego
315. Alexis Mendoza
316. Rocío Reyes Sesto
317. Jimmy Verdecia Ricardo
318. Yami Socarrás
319. Marcel Márquez Martínez
320. Gabriela Ruiz Pez
321. Haydée Milanés
322. Alain Aspiolea Ávalos
323. Enfori García
324. Lourdes Porrata
325. Lay Ramírez
326. Yunior La Rosa
327. Juan Manuel Alcayde

63

328. Jordan Issell
329. Wanda Fraga Sánchez de la Campa
330. Gipsian Rodríguez Rojas
331. Yohan González Espinosa
332. Yunior García Aguilera
333. Yaniurbys Reynaldo Oms
334. Dannet Darcourt
335. Darwin Fornés Báez
336. Clara Zaldívar Arencibia
337. Claudia Karina Ricardo Samada
338. Juan Carlos Roque Moreno
339. José Vincench
340. Víctor Alfonso Cedeño
341. Luis A. Vera
342. Alejandro Acevedo
343. Yasser González Cabrera
344. Liliana Aguilera
345. Esteban Bruzón
346. Sergio Barreiro
347. Daniel Triana
348. Adolfo Núñez
349. Adalixis Almaguer
350. Nelson Jalil Sardiñas
351. Alain de la Cruz
352. Alberto Casado
353. Sandra Pérez
354. Antonio Margolles
355. Jorge Rodríguez Diez
356. Daniela Ferández Rodríguez
357. Arien Chang
358. Carlos Alejandro Rodríguez Halley
359. Liz Capote
360. Youri Luis Mendoza Silverio
361. Yimi Konklaze
362. Magda González Mora
363. Maielis González Fernández
364. Daniela Muñoz Barroso
365. Ángel Luis Bárzaga Rosales
366. Claudia Álvarez
367. Osy Milian
368. Anet Melo
369. Yoanni Aldaya
370. Edras Francis
371. Manuel Martínez
372. Ariel Novo
373. Víctor Manuel Ortega
374. Simone García Bacallao
375. Damian Casañas
376. Natalia Cardet
377. María Antonia Cabrera Arus
378. Gabriela García
379. Wiskelmis Rodríguez González
380. Michelle Sánchez Novo
381. Karla González Castro
382. Frank Hart
383. Fabiola Carratalá Martín
384. José Fontela Moreno
385. Dante Roche Álvarez
386. Niurka Lopez Guerra
387. Roxana Martínez Bermejo
388. Henry Ballate
389. Néstor Campos Bruzón
390. Sussette Cordero Sotero
391. Rolando Gallardo Torres
392. Camila Remon
393. Susana Frade Machado
394. Maria Elena Zayas Rivera
395. Iván León
396. Elaine Nardo
397. Adolfo Núñez
398. Kasay Herrera Calle
399. Modesto Díaz Serpa
400. Dayana González
401. Heberto Jesús Casas Rivas
402. Jorge César Sáenz Gómez
403. Mariana Alom Moreira
404. Sandra Cerisola
405. Josuhe Pagliery
406. Mabel LLevat

Movimiento de San Isidro llegó a Barcelona. Plaza de los Ángeles frente al MACBA. 24 de noviembre del 2020, 15h.

Unos treinta artistas cubanos (fotógrafos, plásticos y escritores, además de cubanos y catalanes solidarios sencillamente identificados con el MSI) residentes en Barcelona se organizaron el 24 de noviembre del 2020 a las 15h en La Plaza de los Ángeles a través de #ColumnaCultural para solidarizarse y apoyar a los miembros del colectivo MSI que están encerrados en La Habana Vieja en Cuba, algunos en huelga de hambre.

Para Madrid, la fiesta de San Isidro es hablar de su patrón y una tradición. Hoy para los cubanos el Movimiento de San Isidro representa un grupo de jóvenes que busca sobre todo libertades en Cuba que pasan por el respeto, primero a la manifestación de los artistas en toda su extensión, al stop de la violencia policial, al derribo de la censura que lleva más de sesenta años paseándose por ese país en manos de un gobierno de partido único.

Su éxito o fracaso también está vinculado a las libertades de todos, los de adentro y los de afuera, de los que se implican y vienen aquí en este otoño con diez grados en Barcelona, o de los que dan un *like* o ponen un corazón en Facebook, todo vale, todo cuenta para quien está allí en La Habana Vieja, encerrado y acosado por las brigadas de respuesta rápida, o *pirañas* del Ministerio del Interior Cubano o de Cultura.

MSI tiene muchas posibilidades de que no llegue a buen puerto como ha ocurrido con otras casos y huelgas de hambre en Cuba, eso no demerita su acción, la ilusión de haber despertado conciencia a mucha gente, jóvenes, sobre todo, ya es memorable. Y traza una continuidad única que vienen desde los años sesenta en Cuba, con encarcelamientos, UMAP y exilios de muchos escritores y artistas desde el *Tengo Miedo* de Virgilio Piñera, a Cabrera Infante y su hermano Saba, o Reinaldo Arenas...o *Movimientos civiles como Payá, Laura Pollán, Damas de Blanco, Porno para Ricardo, Ailer, Rodiles, El Sexto,* y a todos los artistas que anula el sistema de censura cubano simplemente por abandonar el país y no pensar como ellos.

Fuerza y apoyo a MSI.

Varias paredes del entorno del Museo de Arte Contemporáneo de Barcelona quedaron marcadas por los carteles a favor y apoyo al MSI.

Manifestación y performance en Barcelona MACBA

En Madrid hubo manifestaciones desde el 22 de noviembre hasta el 4 de diciembre ininterrumpidamente en apoyo a los Acuartelados de San Isidro

Puerta del Sol Madrid. Madrid Sin dudas de las ciudades más activas en el apoyo a los acuartelados.

Acción frente al Congreso de los diputados de Madrid. Participan
Nonardo Perea, Massiel Rubio y Yanelys Núñez

Protestas en Madrid ante el Congreso de los Diputados

Reacción y campaña de descrédito al MSI por parte del Ministerio de Cultura, radio y TV. Después de ver que varios medios internacionales se hacen eco y solidarizan con el MSI

Ministerio de Cultura de Cuba
4 horas · 🌐

RAZONESDECUBA.CU
Las farsas del Movimiento San Isidro en Cuba | Razones de Cuba

Artículo del periódico oficial del partido comunista de Cuba. Granma, 24 de noviembre.

¿Quién está detrás del show anticubano en San Isidro? (+Videos)
La cotidianidad de San Isidro, en La Habana Vieja, se ha visto alterada por un grupo de personas -14 en total, 4 de ellas pertenecientes al llamado Movimiento San Isidro-, quienes se han convertido en centro de un nuevo show contrarrevolucionario, auspiciado y apoyado por el gobierno estadounidense

La farsa de San Isidro Foto: Tomada de Internet
Desde fines del siglo XIX, el barrio de San Isidro, en La Habana Vieja, se convirtió en «zona de tolerancia».
Barrio de gente humilde, vejado por la presencia de marines yanquis que desembarcaban en busca de diversión y sexo barato. Su vida cambió al triunfar la Revolución en 1959.
La otrora escarnecida barriada habanera cuenta hoy con 14 consultorios médicos, una clínica de medicina tradicional, una clínica veterinaria, tres círculos infantiles, un jardín infantil y cuatro escuelas.
Tuve la oportunidad de compartir con los vecinos del lugar, en un barrio-debate organizado por los CDR hace unos dos años, en homenaje al Comandante en Jefe, Fidel Castro Ruz.
Nos reunimos, sin tribunas ni discursos preelaborados, al pie de la Ceiba del parque. Recuerdo dos intervenciones, una en la que, a nombre de todos los vecinos, un compañero, desde su fe religiosa, declaró su apoyo incondicional a la Revolución.
La otra fue la de un anciano, quien llamó a sus conciudadanos a recordar lo que era aquel lugar antes del 59 y cómo muchos de ellos, siendo niños, conocieron casos de mujeres que fueron ultrajadas por los marines yanquis.
Sin embargo, estas historias conmovedoras de transformación social no son las que trascienden a los medios transnacionales de prensa y las redes virtuales que por estos días han fijado su atención en este populoso barrio.
Nuevo show anticubano
La cotidianidad en esta barriada se ha visto alterada por un grupo de personas -14 en total, cuatro de ellas pertenecientes al llamado Movimiento San Isidro-, quienes se han convertido en centro de un nuevo show contrarrevolucionario, auspiciado y apoyado por el gobierno estadounidense.
El espectáculo es muy similar al que, en otras oportunidades, han escenificado otros grupos mercenarios o títeres al servicio del gobierno de Estados Unidos. No olvidemos la connotada, por ridícula y falsa, «huelga del aguacate», en la que su promotora fue sorprendida degustando apetitosos menús.
No todos desempeñan el mismo papel en el performance: unos dicen estar en huelga de privación de comida y de agua, otros de

comida y varios guara-cheando, según se puede apreciar en las transmisiones en vivo, especie de
reality show que acostumbra a realizar el «movimiento» por las redes sociales, en actos de autopromoción o de reportes a quienes los financian.

El grupo, por el momento, exige dos cuestiones: la primera, la liberación de Denis Solís González, presentado como un joven artista censurado, quien según alegaban estaba desaparecido después de ser detenido por la Policía.

Denis Solís actualmente se encuentra sancionado a ocho meses de privación de libertad por el delito de desacato a las autoridades. Este ciudadano no presentó recurso de apelación contra la pena.

La Agencia Cubana de Rap, institución cultural de reconocimiento internacional, desmontó el burdo argumento que esgrimen los manipuladores sobre su relación con el arte: «La voz de un principiante sin obra consolidada no puede invocarse como representativa de nuestro hip hop, mucho menos cuando se conoce que los intereses que defiende hacen parte del plan subversivo orquestado contra la Revolución Cubana».

La naturaleza de esta trama no demoró mucho en ser esclarecida hasta por el propio Solís González, quien, en un video difundido en las redes sociales, reconoció tener vínculos con personas que han financiado actos violentos contra Cuba, como es el caso de Jorge Luis Fernández Figueras, acusado por la justicia cubana por pertenecer a un grupo terrorista radicado en Miami, quien le prometiera el envío de 200 dólares si cumplía con sus instrucciones.

¿Qué es el supuesto Movimiento San Isidro?

El fabricado Movimiento San Isidro, centro de un boom mediático orquestado por la articulada red de medios al servicio de los intereses de los EE. UU., no representa para nada al barrio humilde, laborioso y revolucionario del que han tomado el nombre y que repudia la presencia de personas que viven del escándalo, cometen acciones degradantes e incluso manipulan a menores de edad para sus performances groseros y provocadores. Luis Manuel Otero Alcántara, a quien identifican como cabecilla del grupúsculo, tiene un abultado expediente de provocaciones, *aupadas y arropadas por Mara Tekach, cuando fungía como encargada de negocios de la Embajada estadounidense en La Habana. Entre los políticos a los que profesa admiración destacan congresistas que han impulsado el arreciamiento del genocida bloqueo en contra del pueblo de Cuba.*

En los reality shows que acostumbran a hacer se puede apreciar la degradación existencial y cultural de su grupo y el vínculo con terroristas de Miami, que han ejecutado acciones violentas contra nuestro país.

El mejor regalo de cumple exilio: Movimiento de San Isidro y plantados frente al Ministerio de Cultura de Cuba: 27/N

Jóvenes cubanos frente al Ministerio de Cultura
apoyando al Movimiento de San Isidro

MAÑANA 29 de noviembre hará 21 años que salí de Cuba hacia París y no he vuelto, (1999-2021). y cuando quise (2011) el Cónsul cubano de Barcelona me dijo que no, por mi libro *"Síndrome de Ulises." Ed* LINKGUA 2004. Me fui a Miami y New York donde compensé parte de mi nostalgia.

Me he adaptado a no ir a Cuba, conocer Europa (París, Londres Lisboa, etc.) y sobre todo los ex 's-socialistas (Praga Varsovia Berlín) ha sido fascinante en estos años, además de defender otros derechos al voto aquí y otras libertades, también. Sin olvidar escribir y publicar catorce libros entre historia, literatura y ensayos. Siendo desde profesor de salsa, recolector de olivas, editor, conferencista y parado. Y desde hace 12 años con un corazón fuera del cuerpo: mi hija.

La reconocida artista Tania Bruguera (primera a la derecha) fue una de las primeras en llegar hasta el Ministerio de Cultura.

Pero ver lo que ha generado los acuartelados de San Isidro en La Habana y en los exiliados y emigrantes fuera de Cuba, me hace feliz, tenga el final que tenga. Algo tenía que hacer despertar a estos cubanos que comenzaron en San Isidro y ayer se "plantaron" frente al Ministerio de Cultura, si es que se le puede llamar así, a algo censurador dentro de una dictadura. Guillermo Cabrera Infante PREMIO CERVANTES les llamaba con razón ' Misterio de Cultura' y al Juventud Rebelde:" Senectud Obediente." Nunca he tenido tantas ganas de volver en Navidad a Cuba. Para ser uno más sentado en el contén de mi barrio, El Vedado a ver qué pasa.

Ya muchos han dado un primer paso. Perder el miedo. Ahora se están reconociendo. Ahora tendrán que ser fuertes. Seguro ya la UJC /PC estarán organizando actos de repudio y la seguridad cárceles. Pero eso solo lo detendrán quienes pierdan el miedo que yo tuve una vez.

Movimiento San Isidro @Mov_sanisidro · 3h   °°°
ANTE UN ATAQUE CON GASES LACRIMÓGENOS, mantén la calma, no frotes tus ojos, no toques tu cara, encuentra un lugar seguro y agáchate. Si tienes a mano crema dental y vinagre, úsalos: la crema se pone debajo de los ojos y el vinagre en un pañuelo para olerlo #EstamosConectados

Lo que más me gusta de San Isidro es que están sembrando algo que vamos a recoger todos. Los de allí, los de aquí que no nos dejan entrar y esos que bailan con *Havana de Primera* y son incapaces ni de dar un like o poner un corazón. Me emociona saber que alguien hace algo por mí sin conocerme.

Este día histórico en las reivindicaciones de artistas cubanos al gobierno, terminó con una promesa de diálogo por parte del Ministerio de Cultura que fue liquidado tres días más tarde:

Una comunicación emitida hoy por el Ministerio de Cultura de Cuba (MINCULT) confirma que no habrá diálogo entre el ministro de ese organismo y los jóvenes artistas que el pasado 27 de noviembre se plantaron a las puertas de dicha institución para hacer pública una serie de inconformidades que tuvieron como detonante los sucesos en San Isidro.

"Al pretender incluir entre los participantes a personas que se han autoexcluido hace mucho tiempo por sus agresiones a los símbolos patrios, delitos comunes y ataques frontales a la dirección de la Revolución Cubana, bajo el disfraz del arte, los que instrumentaron esta maniobra acaban de romper toda posibilidad de diálogo".

Según el comunicado de MINCULT, "este 3 de diciembre, a la una y 39 de la tarde, llegó al Ministerio de Cultura un correo insolente, donde el grupo que se ha erigido en voz de todos, pretende imponer, de modo unilateral, quiénes, con quién y para qué aceptarán dialogar".

Es evidente que el viceministro presionado esa noche por la multitud de artistas de varias generaciones accedió a un diálogo para ganar tiempo, y pensó que luego se pondría fin más tarde a este problema menor.

ς

Foto de Nelson Jalil

Estas fotos pertenecen a Evelyn Sosa hasta el final

La importancia de los móviles y de las redes sociales, y las directas en esta *leve rebelión* aquí se hace muy evidente, una imagen de referencia. Sirve para informar, y también para denunciar si les atacan.

Mirando estas imágenes desde Barcelona de los jóvenes del 27N plantados de noche (madrugada) delante del Ministerio de Cultura, sabiendo que muy cerca de allí estaban apostados la maquinaria militar de la policía política esperando la orden para intervenir y ellos inamovibles, es algo más que admirable. No siento culpa por no haberlo hecho siento felicidad porque otros con el mismo gobierno fueron capaces de hacerlo. Solo me nace apoyarles, aunque esa ya no sea mi vida, aunque sí el lugar donde nací.

Fernando Pérez y Jorge Perugorría. El primero director de la
Vida es Silbar, que se ha convertido en un símbolo de la
disidencia del MSI al pedir que la gente Silbe. El segundo actor
de *Fresa y Chocolate*, que en su momento fue un acto rebelde.
Ambos fueron a mediar con el Ministerio de Cultura para que
los jóvenes del 27N fueran escuchados.
¡¡¡Cuentan en las redes que hubo ovación total por la llegada
del Maestro!!!

Esta es la última fotografía que tomé anoche en el MINCULT.
Al fondo un grupo de jóvenes que llegó corriendo después de
burlar el cerco policial. Nelson Jalil Sardiñas, 28 de noviembre.

Declaraciones de artistas que se posicionan desde sus redes sobre el respeto a la opinión diferente y apoyo explícito al MSI y 27N. Leoni, Haydée Milanés, Carlos Varela, Lázaro Saavedra, y Luis Alberto García

¡La palabra del apóstol es de todos! Ni los gobernantes ni sus políticas deberían apropiarse jamás, de lo que nos pertenece por legítimo derecho #GraciasSanIsidro
Dayme Arocena, 25 de noviembre

Leoni, "Cuba es de todos, las ideas no tienen que ser las mismas"

Mi obra como músico siempre ha sido desde el amor. Creo en él cómo fuerza poderosa para sanar y fortalecer. Por eso siento la necesidad de expresar mi sentir sobre lo que está pasando con el grupo de jóvenes del MSI. Me duele pensar que después de tantos años sigamos sin poder dialogar y que el odio siga prevaleciendo. Cuba es de todos. Las ideas no tienen que ser las mismas, no tenemos que pensar igual. Es un derecho de todos el poder expresarse libremente sin ser castigados.
Yo deseo el bien para mi país y mi gente y para eso debemos ser más inclusivos y respetuosos entre nosotros. Es hora de dialogar. Es hora de aprender a escuchar a los demás. Qué el amor sea más fuerte que nuestras diferencias.

Leoni

Haydée Milanés. 'Siento vergüenza y horror 'sobre desalojo a huelguistas del MSI.

"Llego a casa y me encuentro con la noticia de que han sacado de forma violenta a todas las personas que se encontraban desde hace varios días en la sede de San Isidro, varixs de ellxs en huelga de hambre", escribió Milanés en su página de Facebook.

"Personas pacíficas. Hemos pedido diálogo. No hemos sido escuchados. ¿Esta ha sido la salida que han encontrado? Siento vergüenza y horror", argumentó, quien hace días llamó a las autoridades a sostener conversaciones con los huelguistas.
"He estado muy atenta a lo que está ocurriendo hace varios días con lxs muchachxs del movimiento de San Isidro, esperando a que ocurra un gesto de diálogo para con ellos, que de manera pacífica resuelva esta situación tan dolorosa para nuestra nación", dijo la artista.
"En esta espera ya me he agotado, mientras pasan los días y siete jóvenes cubanos (entre ellos uno de dieciocho años) se encuentran en una huelga de hambre y de sed", añadió.
En tanto sentenció: "Me parece desproporcionado el tratamiento que se les ha dado a estxs muchachxs, que únicamente expresan sus ideas libremente y las defienden de manera pacífica".

Viernes 27 de noviembre de 2020

Carlos Varela, Si no escribo estas palabras.

Si no escribo estas palabras estaría negándome a mí mismo y a mi historia. No conozco personalmente a ninguno de los muchachos de San Isidro, pero eso no es lo que importa hoy. Cualquier ser humano que esté dispuesto a morir por una causa, sea cual sea, merece ser escuchado con respeto.
Soy humano, no me pidas entonces que mire hacia otro lado. No seré cómplice del silencio del coro.
Veo con mucha tristeza y vergüenza a donde hemos llegado. ¿Qué nos ha pasado?
Sobre las líneas de mis canciones viajan muchas heridas invisibles. Hace varias décadas atrás, cuando esos muchachos de San Isidro eran solo unos niños o no habían nacido, mis canciones y yo ya estábamos pasando por algo parecido. También quisieron apagarme, borrarme, marginarme, censurarme y, como a una gran parte de mi generación que no aguantó la presión, invitarme a irme de Cuba. Lo increíble es que muchos de los que desde el mismo poder me acusaron y persiguieron, finalmente terminaron largándose de aquí. ¿Y entonces? Yo jamás acusé a ninguno de mercenario por irse, por traicionar lo que ellos supuestamente defendían. Simplemente seguí siendo yo, "sentado en el contén del barrio", haciendo mi obra.
No se puede ir por ahí pregonando que los cubanos somos los más valientes, "el hombre nuevo y solidario", el ser humano modelo que sueña y desea un mundo mejor, si primero no soñamos y peleamos para tener un país mejor. Un país que verdaderamente nos incluya a todos, estén donde estén, piensen como piensen. Ya es hora de sentarse a dialogar y a escucharse, porque todos, vivamos donde vivamos, pensemos como pensemos, seguimos siendo parte de esta nación. Los de San Isidro también forman parte de este país. Tener diferencias ideológicas, generar cambios, pensar caminos distintos para construir la polifonía de voces de un país, es legítimo y sano. Eso no debería decidirlo, ni limitarlo, mucho menos regularlo un gobierno en nombre de una u otra ideología. ¿Con

qué derecho alguien puede decidir quién es artista y quién no?
¿Quién es cubano y quién no?

Ser crítico en la sociedad en la que uno vive tiene que ser un
derecho intocable. Si a todos los que tengan ideas críticas,
opuestas y diferentes los amenazan, agreden, censuran, regulan
y encierran, entonces terminaremos presos de conciencia muchos
millones de habitantes.
Que un pueblo haga silencio no significa que no piense.
No se puede seguir cortándole las alas a la libertad de expresión,
a la libertad de pensamiento y a la libertad individual que es en
el
siglo XXI, un derecho fundamental de todo ser humano.
Esa no es la Cuba que yo soñé.
Todo lo que está sucediendo puede llegar a ser contradictorio
con el cartel y el eslogan de "Cuba Salva".
Los actos de repudio entre cubanos, hombres y mujeres
insultando, golpeando e injuriando nunca debieron ocurrir.
Estos gestos infames seguirán siendo una vergüenza nacional.
Los actos de repudio deben parar de una vez y por todas. Esa
intolerancia hacia lo diferente, ese miedo al debate, a lo
alternativo y opuesto la llevamos inoculada en la sangre y
resulta una verdadera mancha a nuestra identidad. Miles de
cubanos que participaron en los actos de repudio de los ochenta y
noventa ahora viven lejos de esta isla. Algunos enmudecen de
vergüenza, muchos hoy piensan diferente, pero saben que solo
hay un culpable: el miedo. El miedo puede mover masas, basta
con seguir atentamente la historia de la humanidad.
Lo que pase en Cuba y a los cubanos estén donde estén me
lastima, me hiere y me duele.
Como he dicho antes, no conozco a los muchachos de San Isidro,
pero eso no es lo que importa hoy. Ellos
son también jóvenes y rebeldes a su manera y si ahora están
haciendo una huelga de hambre para defender su derecho a
pensar diferente y a expresarlo libremente hay que escucharlos.
Ya es hora de sentarse a dialogar.
¿Es tan difícil eso? ¿Tan largos fueron los monólogos que
olvidamos escuchar?

Ellos están defendiendo sus derechos que son también los de muchos que hoy se esconden detrás del silencio. Los mismos derechos por los que yo he luchado durante 35 años escribiendo canciones; el derecho a pensar y expresarse libremente.
¿Eso es acaso un delito?
¿Será que tendremos que borrar de una vez la palabra DIALOGO del diccionario de cubanismos?
Si yo no escribo estas palabras
estaría negando mi necesidad de defender y apostar por el diálogo como el mejor camino para luchar contra la violencia. Rodeado de amenazas y conjeturas, nacieron buena parte de mis canciones, al calor de la censura y el silencio de los otros.
¿Cuándo serán escuchados los nietos de Guillermo Tell?
Ahora ellos tienen la palabra.

Carlos Varela

Lázaro Saavedra, Fragmentos de un Mea culpa-testamento.

Caballero, a mí me engañaron. Yo estuve en lo del 27 frente al MINCULT porque me dijeron que aquello era una cola pal picadillo. Por mi madre que yo no sé qué cosa es la plástica se dedica al baseball, el MSI, ni el 27N, ni los 30, ni los 12 de Alegría de Pio o la última cena de Jesús, ni demás grupúsculos. Tampoco conozco a la chusma desagradable ese de Meme Solís, ni a Elvis Manuel Alcántara, ni a los otros indecentes, terroristas, fronterizos, mercenarios que ahora se murmura los van a cambiar por compotas... ...ni sé, ni me pregunten qué cosa es una operación negra, gris, blanca o roja. Tampoco sé, ni quiero saber qué cosa es un "golpe suave" o uno duro de tonfa... ...Sigo convencido que la policía ya no es como la de Batista, que maltrataba al pueblo. Desde niño me enseñaron que los policías son mis amigos, eso se aprende en la calle, la cantina, en la prensa independiente que te miente al besar, en el televisor que te dice tantas cosas. A decir verdad, yo estoy muy bien y no tengo queja alguna del sistema. Puedo trabajar donde me dé la gana sabiendo que mi salario me va a alcanzar hasta el fin de mes y va a satisfacer todas las necesidades básicas... ...los viejitos también están bien, se dé una anciana viuda (una entre tantas) entregó su vida a la Revolución y puede perfectamente vivir de su pensión, eso llena de regocijo al máximo responsable de esa situación que tanto se ha esforzado y trabajado en ello, como si se tratara de su propia madre. Desapruebo la manipulación mediática que han hecho con las tiendas de papel sanitario o MLC (Me Limpio el Culo). Y lo principal, estoy muy contento con mi dinero cubano porque puedo comprar lo que quiera en cualquier lugar. Pero lo que más me gusta de todo esto es que puedo decir lo que me dé la gana, donde me dé la gana y sin ningún tipo de consecuencias hostiles a mi persona. Por eso ni en los 80, los 90, etc. nunca me han censurado una obra. La última censura de mi video "Progreso de una nación" en Fabrica de Arte cuando la XII Bienal de la Habana es una fake news. En esa bienal el mercenario artista-trasvesti Alcántara se paseaba libremente de miss Bienal, eso es libertad. Es más, hasta puedo

exponer en cualquier galería de mi país sin que me adviertan que no vaya a calentar la cosa. No soy ningún calentador de gas, ni de corriente. Estoy muy orgulloso de ser un reverbero de alcohol para calentar café con leche porque en el pueblo hay muchos reverberos (sí, ya sé, el "café con leche" es vintage) …
…Continuando con lo del 27, por favor, no le sigan más el juego a la propaganda enemiga, esos videos y fotos donde sale la movilización de las brigadas de respuestas rápidas, y que no se veían desde el MINCULT porque todavía no habían podado las secuoyas, ni instalados cámaras 360, es mentira. Todo eso fue construido en 3D en computadoras de la mafia de Miami que es la que hace actos de repudio y tiene planadora. ¿Lo del gas pimienta? mentira también, era comino, orégano y laurel que lo vientos alisios transportaron espontáneamente desde una paladar especializada en servicios de pizza y esos muchachos eran alérgicos... ...me arrepiento de no entender a cabalidad el lema de cada cual según su trabajo, a cada cual según su capacidad, por eso me enorgullecen esos funcionarios públicos que ostentan engreídos sus barrigas como símbolo de abnegación cotidiana al servicio del pueblo... ...Todos nacimos en cueros y sin zapatos …Repito, yo estoy muy bien, es más, de ahora en adelante cuando vea una cola pal pollo, picadillo o detergente me voy a mantener lejos… A partir de hoy prefiero comprar el picadillo en la bolsa blanca... …Nada pido para mis hijos porque sé que la Revolución les va a dar lo necesario y no tendrán que buscarlo fuera de Cuba…

Lázaro Saavedra

Luis Alberto García, "Pensar diferente no puede ni debe ser una vía expedita a una prisión ni a soportar vejámenes"

Me habría gustado estar ayer frente al MINCULT, pidiendo ser recibido junto a tantos otros. Como uno más. Mi profesión no me lo permitió. Estaba en otra provincia y no tuve acceso a las redes para apoyar esa iniciativa, al menos, virtualmente.
Dejo en claro mi postura.
Pensar diferente no puede ni debe ser una vía expedita a una prisión ni a soportar vejámenes.
No ser revolucionario en Cuba no debe condenar a alguien a una "no vida", a que le cierren todas las puertas a un trabajo digno con el cual mantenerse a sí mismo y a sus familiares. A gritarle constantemente en su cara que las calles, el oxígeno, el salitre, los triunfos, la música, las escuelas, los derrumbes y las instituciones del país EN QUE NACIÓ, no son suyos, no le pertenecen y que, por lo tanto, queda excluido de todas ellos y ellas, por decreto. A empujarle a aceptar cualquier dádiva, cualquier ayuda bienintencionada o no, para poder sobrevivir. Esa es una artimaña muy retorcida.
Pero, dolorosamente, sigue sucediendo. Es un modus operandi que se repite hasta la saciedad de manera harto previsible.
Es así como funciona una parte del engranaje de la fábrica de "disidentes": cercenando el acceso de los que piensan muy diferente, medianamente diferente o ligeramente diferente a lo que dicta el canon del gobierno, a los bienes materiales y espirituales que todos los seres humanos deberían poder disfrutar en el sitio en que vieron la luz, para luego acusarles de estar pagados por cualquiera. Para mí, ese proceder es el que verdaderamente es muy contrarrevolucionario, por decadente y manipulador.
José Martí no era así ni pensó así.
UNIDAD NO ES REBAÑO.
UN ÚNICO PENSAMIENTO, HOMOGÉNEO, MONOLÍTICO, NO ES HUMANO. NO ES LÓGICO. NI NORMAL.

No veo diferencia alguna entre los que quisieran desaparecer del mapa a los disidentes cubanos, sean reales o fabricados y los que piden 72 horas para ametrallar comunistas si un día la revolución se viene abajo.

Estoy absolutamente en contra del manejo que las autoridades de mi país le han dado a esta crisis con el Movimiento San Isidro. Opino que lo han hecho demasiado mal.

Las ideas, sí fueran verdaderamente nobles, deberían defenderse con hidalguía y sentido común. Con diálogo y civismo. No con garrote.

Lo patético de muchas revoluciones es que las destiñan y desdibujen los que juran ser sus más fieles paladines.

Mi compromiso y mi bandera están con dos de mis hijas que se desencantaron y partieron de estos arrecifes y con otras dos que crecen acá conmigo.

Quiero vivir y legarles un país en el cual se pueda opinar libremente sin que traten al que disiente como un desecho tóxico.

Luis Alberto García Novoa, 28 de noviembre 2020

Nelson Jalil Sardillas, *el gesto involuntario del 27N*

Tras los sucesos del 27 de noviembre y antes de alejarnos del Ministerio en la madrugada, cuando no quedaba casi nadie, una amiga que es muy consciente decide recoger algunas botellas plásticas que habían quedado en el suelo, muy cerca de la primera línea de los agentes vestidos de civil. La ayudamos mientras su novio se reía de aquel arranque de civismo. Los agentes se quedaron tiesos. Creo que en esa galaxia lejana que viven nunca habían presenciado nada semejante muchos menos esos niveles de civilidad primermundista que no abundan por esos predios. Yo alcancé a ver el gesto de una de ellos, casi imperceptible, al inclinarse hacia delante para coger una de las botellas, una fracción de segundos después reaccionó y se incorporó rápidamente. Nadie le había dado la orden para ayudarnos.
Nelson Jalil Sardillas (testimonio esa larga noche del 27N)

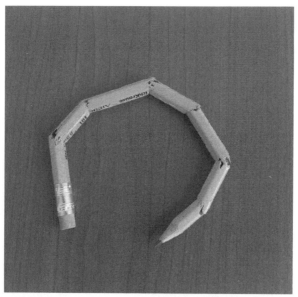

"Inflexible" A cuidarse de la rigidez. Nelson Jalil Saldillas. 2020

Mensaje al Movimiento de San Isidro y sus seguidores. Aprendan a convivir con quienes no piensen como vosotros, eso les hará grandes.

"Mensaje al movimiento de San Isidro y sus seguidores. Aprendan a convivir con quienes no piensen como vosotros, eso les hará grandes."

Ayer escuché quejas porque Díaz Canel y su tropa de "infames" o *infantes incondicionales*, fueron al parque Trillo a gritar en contra del MSI. Excelente. Eso legitima al Partido Comunista y también legitima a San Isidro. Hay gente a favor y gente en contra, ahora solo faltan como siempre en Cuba que pongan las urnas y se respete ese derecho.

Si MSI tiene derecho a salir a la calle y reclamar derechos de libertad, social y artística y que no sean detenidos por hacerlo. La dictadura de Castro, o sus acólitos comunistas tienen derecho a decir lo contrario. Ese es el juego de la democracia. Un ejemplo es una chica cubana que sigo que se hace llamar en Facebook Tere FS y ayer estaba orgullosa en el Parque de Trillo y así lo puso en su Facebook. De alguna manera la Nueva Cuba se va gestando así, que quienes apoyaron a San Isidro no sean detenidos y quienes no creen en ellos tenga derechos disentir. Antes algunos fuimos detenidos y advertidos por la seguridad del estado allí, por publicar poemas y cuentos en el extranjero.

Aquella era una Cuba de represión viva. Lo que ha hecho MSI es ya descomunal y no están encerrados y con 20 años en la cárcel como ocurría siempre. Aquí en Barcelona donde voto libremente hace 17 años, hay partidos que defienden el derecho a ser Franquistas, o sea herederos natos de la dictadura que están en las instituciones democráticas, y les recuerdo que Franco aniquiló sin juicio a cientos de miles de personas por rojas y comunistas. También hay partidos que en su día tenían los mismos ideales que ETA y también participan del juego democrático y están en el Congreso de los Diputados en Madrid sacando y defendiendo leyes. La democracia "amigos cubanos" no es lo que "tu piensas" solamente. La democracia es lo que decide la mayoría en las urnas y termina gobernando.

He viajado a varios países ex socialistas de Europa y les aseguro que el postsocialismo se convive con gente que vota socialismo, y existen igual que los que no. Ahora Cuba, o una parte dormida de ella, dentro y fuera comienza a despertar, pero les recuerdo que ese despertar de una "dictadura" trae hasta la democracia "sus pesadillas" que no desaparecerán con la caída del post castrismo. O sea, sus defensores y con ellos hay que aprender a convivir en esa nueva Cuba. Y todos quieren y tienen derecho a su Cuba, la de sus cabezas, la que ellos creen que deba ser. Cuando te pongas el cartel de "Cuba somos todos," incluye la disidencia y también lo que no están a tu favor. 28 de noviembre 2020.

Declaración del 27N ante el posicionamiento del MINCULT

El 27 de noviembre de 2020 más de 300 artistas, intelectuales y ciudadanos cubanos acudimos al Ministerio de Cultura, en su condición de garante y mediador, para exigir el cumplimiento de nuestras libertades y derechos ciudadanos. El detonante fue la violencia policial ejercida el día anterior contra el Movimiento San Isidro, y también el aumento de la censura y represión contra artistas, intelectuales y activistas, que nos ha sacudido y obligado a pronunciarnos.

Hoy no nos detiene el temor.

Exigimos el derecho a tener derechos. No somos enemigos sino cubanos que pensamos distinto y soñamos una Cuba mejor que legar a nuestros hijos, con todos y para el bien de todos.

Nuestras demandas trascienden la libertad creativa; se trata de nuestro derecho a existir y expresarnos libremente.

Apostamos por un diálogo de reconciliación que pueda saldar nuestras diferencias.

En el encuentro sostenido el 27 de noviembre con el Viceministro de Cultura Fernando Rojas y otros funcionarios, se acordó una próxima reunión con el Ministro de Cultura Alpidio Alonso para continuar debatiendo nuestros reclamos y exigencias, con la voluntad de abrir un canal de diálogo entre la institución y la comunidad de intelectuales y artistas. Esta oportunidad ha sido desechada por el propio ministerio al emitir en la mañana de hoy una comunicación titulada "Rompen el diálogo quienes pidieron diálogo", disponible en: https://www.ministeriodecultura.gob.cu/es/actualidad/noticias/nota-del-ministerio-de-cultura-rompen-el-dialogo-quienes-pidieron-dialogo.

Luego de revisar las demandas que llevamos el 27N al Ministerio de Cultura, creemos que la condición primera para que nuestras peticiones puedan siquiera evaluarse, es el necesario reconocimiento del derecho a la libertad política. Si bien la creación es vocación y responde a una libertad que le es intrínseca, sabemos que más que artistas e intelectuales somos ciudadanos con derechos. Por tanto, afirmamos que sin libertad política no puede existir libertad artística. Y es por esto que demandamos:

-El reconocimiento del derecho a la libertad política que nos permita construir una nación verdaderamente inclusiva y democrática.
-La liberación inmediata de Denis Solís, por cualquiera de las vías previstas en el ordenamiento jurídico cubano.
-El cese de la represión por parte del Estado a artistas, creadores, intelectuales y ciudadanos que piensan diferente.
-El cese de la campaña mediática de descrédito a los artistas, creadores independientes y ciudadanos por criterios políticos.
-El reconocimiento y respeto al posicionamiento independiente.

Para alcanzar un diálogo respetuoso, y para tener garantías de que procesos como estos -penales, represivos, discriminatorios y difamatorios- no se repitan en lo adelante, es necesario iniciar un proceso participativo y democrático.
Hacemos un llamado a todos los cubanos dentro y fuera de Cuba a la unión y la paz. Hacemos un llamado al entendimiento y la comunicación. Hacemos un llamado al apoyo y la solidaridad. Esta causa es la misma causa de todos los cubanos. Por una Cuba inclusiva para todos y para el bien de todos.

Firmamos
Alejandro Alonso
Amaury Pacheco
Aminta de Cárdenas
Camila Acosta
Camila Cabrera
Camila Lobón
Carlos Manuel Álvarez
Claudia Genlui
Gretel Medina
Hamlet Lavastida
Henry Eric
Iris Ruiz Hernández

José L. Aparicio
Juliana Rabelo
Julio Llópiz-Casal
Katherine Bisquet
Liatna Rodríguez López
Luis Manuel Otero Alcántara
Luz Escobar
Mandy García
Mauricio Mendoza
Michel Matos
Mijail Rodríguez

Miryorly García
Reynier Leyva Novo
Sandra Ceballos
Solveig Font

Sindy Rivery
Tania Bruguera
Ulises Padrón
Zurelys López Amaya

*Hacemos pública esta declaración. Invitamos a quienes deseen a que la suscriban, a través de comentario en esta página de Facebook o de firma en la plataforma que compartimos.
*Para poder hacer un mejor recuento de las firmas, solicitamos que esta petición no sea duplicada.
La Habana, 4 de diciembre de 2020. 6: 30 pm.

La respuesta del viceministro de Cultura Fernando Rojas es el no diálogo

A cada obra de ArtePolítico con intenciones de transformación social o política le sigue una respuesta del poder. Tania Bruguera

El viceministro de Cultura de Cuba, Fernando Rojas, aseguró este viernes (4 de diciembre) que el gobierno cubano mantiene la disposición de dialogar con «la mayoría» de los jóvenes artistas e intelectuales que se concentraron en las afueras de su ministerio (MINCULT) el pasado 27 de noviembre (27-N). Pero dejó claro que las autoridades culturales no se sentarían a la mesa con personas y medios independientes que, según dijo, reciben financiamiento de Estados Unidos.[2]

En conferencia de prensa, Rojas confirmó lo expresado en la declaración del MINCULT, publicada esta mañana, en la que su entidad aseguró recibir un email de los representantes de los concentrados el 27-N, con demandas para sostener el diálogo que, dijo, no estuvieron entre los acuerdos previos y a los que consideró «ultimátum absurdos e inaceptables» como la «imposición» en el listado de participantes en la reunión pactada con el ministro de «personas que se autoexcluyeron desde hace tiempo».
«¿Cómo podemos reaccionar cuando se nos quiere imponer una declaración pública con exigencias bajo presión?», se preguntó. Y apuntó: «no vamos a darle legitimidad a los que quieren dañar este país con el apoyo de Estados Unidos».

---

[2] Es contradictorio pues el 28 de noviembre en TV cubana había dicho que el dialogo del 27N era entre compañeros. Lo que deja en evidencia que carecen de una estrategia de respuesta coherente.

«Lo esencial es la soberanía y la independencia de Cuba», dijo, «y nuestro proyecto de justicia social, y no permitiremos que se nos imponga una agenda que atente contra ello».

No obstante, afirmó que ese comunicado «no es una negación a reunirnos con los artistas, en particular con los jóvenes», y enfatizó en que el MINCULT mantiene el interés en «discutir con la mayoría de los que permanecieron en las afueras del ministerio» el 27-N.

«Solo renunciaremos a los que sean incorregiblemente reaccionarios», dijo citando una frase del fallecido líder Fidel Castro en sus «Palabras a los intelectuales» de 1961.

El viceministro aseveró haber recibido noticias de que algunos de los reunidos con él el 27-N no estaban al tanto del email con las demandas consideradas «inaceptables» por el MINCULT, lo que, en su opinión, no solo evidencia la diversidad del grupo, sino también una división entre los objetivos e intereses de los demandantes, y la asunción como voceros colectivos de personas que no representan esa diversidad y persiguen fines políticos.

Aseguró que con los que mantengan la disposición y no «hayan comprometido su obra con los enemigos de la Revolución Cubana», «próximamente» se abrirían espacios de diálogo de la manera más «eficiente y profesional», para lo que se contaría con el respaldo de las instituciones culturales y de organizaciones como la UNEAC y la Asociación Hermanos Saíz, aunque no brindó más detalles al respecto.

Tampoco respondió de manera directa a preguntas de la prensa extranjera sobre el hostigamiento policial denunciado en redes sociales por algunos de los reunidos el 27-N tras esos hechos, y señaló que, contrariamente a lo dicho por representantes de los concentrados ese día, el MINCULT no violó lo pactado.

En los espacios de diálogo que se habiliten, dijo, las autoridades culturales, entre los que no descartó al propio ministro, están dispuestas a «discutir de cualquier tema, siempre que sea en el marco de la Constitución».

Rojas reiteró que el diálogo con los artistas es una «práctica histórica» del gobierno cubano y citó diversos ejemplos como la llamada «guerrita de los emails» y los debates surgidos a raíz del controversial decreto 349, del que afirmó: «todavía no ha sido implementado».[3]

Una gota de verdad puede borrar un océano de mentiras. **Verso de Pavel Urkiza de su canción al Movimiento San Isidro. MSI**

Esa gota puede ser el Movimiento San Isidro o Luis Manuel Otero Alcántara, líder visible del MSI

Pavel que ya no vive en Cuba, como muchos que nos solidarizamos con esta causa, eso no quita que su corazón y el nuestro siga los latidos de esa isla. Él es sin duda, uno de los compositores más notables de su generación, además del productor musical que sacó a la luz europea los discos de Habana Oculta, Habana Abierta, más su obra personal con Gema y de actuar en España durante veinte años con los mejores compositores de la península e hizo múltiples giras por Europa y estados Unidos. Antes de este tema, Pavel ha hecho para mí uno de los discos más notables de la música en este nuevo siglo LA RUTA DE LAS ALMAS. Que cierra mi libro sobre doscientos años de música cubana: El arte del Sabor... (2020).

Seguro habrá otras canciones hechas al calor del MSI y seguro vendrán libros, pero será obligado cuando pase el tiempo recordar lo que hizo en año de pandemia el MSI a través de esta canción.

Una gota de verdad puede borrar un océano
De mentiras
Una aguja en un pajar/ es esa libertad perdida
Que quiere revelarse
La utopía está podrida
14 vidas de Isidro Labrador
Gritan a los cuatro vientos
Nuestra isla/ se está hundiendo
Un país se está muriendo
Ya no se aguanta ni cierto a nombre de qué
Patria o muerte es una condena
Tres generaciones de frustración y pena
Ya no dan más

No se trata de si estás
de este lado O el de allá
Es por pura humanidad
Toda dictadura es brutal
Sea Pinochet o Franco/ sea el chavismo
O sean los castros
No hay justicia justo en la intención de matar
Cualquier demostración de pensamiento libre
Tres generaciones de frustración y pena
Ya no dan más
Llegó el momento de pararnos a pensar
Llegó el momento de tomarnos de las manos
La salvación está en juntarnos por nosotros
No habrá futuro si seguimos como vamos
Llegó el momento de pararnos a pensar
Llegó el momento de tomarnos de las manos
La salvación está en juntarnos por nosotros
No habrá futuro si seguimos como vamos

2 de diciembre del 2020
(Cumpleaños de Luis Manuel Otero Alcántara)

Luis Robles Elizastigui: un joven cubano salió con un cartel el 4 de diciembre en San Rafael que decía *Libertad, no Represión.*

No es la primera vez que pasa, pero comienza a ser casi habitual dentro de este marco "de sublevación" y de libertades que comienza a influir en jóvenes que no tienen vínculos ni cercanos ni directos con ningún grupo opositor ni de disidencia artística. Quizás éstos en las redes comienzan a crear una conciencia sobre su manera de ver esa realidad muy distinta. En la medida que esto crezca no dudo que no podrán detenerlo.

Luis Robles Elizastigui, encarcelado en Villa Marista, acusado de desacato y terrorismo por hacer una protesta el solo con un cartel en Blvd San Rafael. Este joven vale por millones. #FreeLuisRobles #Cuba #FreeDenisSolis #NoMasDictadura Símbolo de enlace https://lajiribillalibre.com

Comunicado de San Isidro

El lunes 16 de noviembre de 2020, catorce amigos nos congregamos en la sede del Movimiento San Isidro en La Habana, para realizar una lectura de poesía y una peregrinación exigiendo la liberación del rapero Denis Solís González.

En los cuatro días anteriores, algunos entre esos catorce habíamos acudido a la estación de policía de Cuba y Chacón por la misma causa, sufriendo detenciones arbitrarias y maltratos por parte de la policía; otros llegaron a la sede por primera vez, sin conocernos, inspirados en sus deseos de una Cuba libre y para todos. El cerco policial que la Seguridad del Estado nos impuso en solo unas horas, provocó que decidiéramos realizar el Susurro poético dentro de la casa y permanecer allí acuartelados. Comenzó una convivencia fraterna que duró solo diez días, pero donde experimentamos una Cuba diferente, diversa, llena de contrastes y excéntrica por naturaleza, en el mismo espíritu de las personas allí presentes.

Habría que contar cada una de las historias de vida de los dieciséis acuartelados (ese es el número total contando entradas y salidas), y así exponer los vericuetos de una nación fracturada, que sobrevive en los anhelos de sus hijos más humildes, los que tienen ya poco que perder y mucho que apostar por un futuro que los incluya de manera plena, y que les reconozca sus derechos y deberes ciudadanos.

Habría que hablar de Osmani Pardo, que arregló todo lo que se rompía en esa casa, donde aprendimos a vivir con poco, y aún le quedaban fuerzas y energías para construir con alambre el árbol que nombramos árbol de la libertad.

Habría que hablar de Adrián Rubio, el más joven, que no acepta empuñar armas pero que trabaja el *papier maché* y cantaba para todos, desafinando en las noches. Habría que

109

hablar también de su mamá, que apoya a su hijo por encima de todo y que en los últimos días ha vivido junto a él y su otra hija de solo diez años, dos actos de repudio afuera de su hogar. Las familias de muchos de nosotros son también San Isidro, arriesgaron todo tratando de llegar y algunas como Zuleidys Gómez Cepero o Maricelis Cardosa, se convirtieron en los pilares del grupo. Las mismas familias que hoy viven las consecuencias de la campaña difamatoria desatada sin piedad y sin tregua por el Estado.

Con el acuartelamiento queríamos romper el ciclo de violencia desatada contra algunos de nosotros en los días anteriores, porque sostenemos la necesidad de un cambio para Cuba a través de vías pacíficas. El centro de nuestra protesta continuó siendo la poesía, lo que nos congregaba al menos una vez al día y nos posibilitaba conectarnos con todo lo hermoso y cierto que ha experimentado la humanidad a través de los tiempos, una espiritualidad confluyente que nos envolvía, a algunos por primera vez. En esas lecturas cotidianas experimentamos desde nuestra comunidad improvisada la fuerza y ecumenismo de esa frase del Apóstol: Patria es humanidad.

La poesía no fue la única cosa nueva para muchos de los acuartelados. Una Nutella traída por la madre de Oscar Casanella, nuestro científico y además enfermero emergente junto a Yasser Castellanos; causó sensación en personas como Anyell Cruz, ama de casa que fue mandada por el cielo en nuestro auxilio y que dejó incluso a sus hijos para quedarse a nuestro lado. Tanto ella como Jorge Luis Arias, el muchacho genio de la informática, probaban la Nutella por primera vez y hablaban de cómo ese sabor delicioso estaría para siempre unido en sus mentes a la libertad.

Otra novedad fue la ritualidad sistemática de nuestro musulmán Abu Duyanah. Creo que las oraciones sobre los cuerpos debilitados de Luis Manuel y Maykel fue uno de los momentos más emotivos que hayamos vivido en nuestras vidas. Parecía un mosaico infinito de religiones y espiritualidades, ninguna dominante, todas al servicio del otro.

En su afán de desarticular ese núcleo de protesta pacífica, la policía política interceptó y robó los suministros de comida que una vecina nos traía, lo cual provocó el comienzo de las huelgas de hambre de nueve de nosotros, cuatro, además, de sed. El tono grave que se incorporó a nuestra convivencia a partir de ese momento no acalló la alegría que habíamos conseguido, pero nos impulsó a afinar la organización interna, articulando una dinámica de roles mejor definidos y en función de cuidarnos unos a otros.

Ante el constante asedio de las fuerzas policiales fuera de la vivienda, que además de no dejarnos salir, incluía amenazas, bloqueo de móviles y tarjetas y no permitir la entrada a la mayoría de las personas que querían llegar a nosotros; desarrollamos un sistema de medidas alternativas para protegernos y mantenernos conectados con la realidad fuera de la sede, con el apoyo de una red de solidaridad que comenzó a fraguarse en torno nuestro. La demanda por el cierre de las tiendas en MLC (dólares) salió como un reclamo legítimo y visceral de ese pedacito de pueblo allí recluido, que buscaba conectarse aún más con la dura realidad de todos los cubanos, la cada vez mayor diferencia de accesos y posibilidades que nos lleva a naturalizar comportamientos mezquinos y a veces bárbaros. Construir una Cuba más humana deberá pasar por la eliminación de todas las situaciones que enfrenten a cubano contra cubano y por asumir nuestra responsabilidad cívica por el bien de todos.

La escalada de agresividad continuó, ellos envenenaron con ácido la fuente de agua de la casa nuestra y la contigua y también orquestaron un ataque personal a Luis Manuel, por un supuesto vecino, el cual terminó destruyendo la puerta con un martillo y atacándonos con botellas a todos.

Era solo la prefiguración de la patada a la puerta de la noche del 26 de noviembre, donde policías y militares disfrazados de médicos allanaron la sede y nos sacaron violentamente, mostrando a Cuba y al mundo la naturaleza abusadora de un Estado, que ya no tiene la capacidad ni la voluntad de reunir las partes deshechas de la nación, respetarlas, y acatar sus demandas.

Lo que nos mantuvo vivos y felices esos diez días en San Isidro, a pesar de la amenaza real de muerte para algunos de nosotros y el temor a las represalias de la mafia policial, fueron las numerosas y crecientes muestras de apoyo y afecto que llegaban de lo que llamábamos el mundo exterior. Una Cuba haciéndose eco de sus dolores y sus deseos de libertad. Una Cuba despierta, al fin.

Nos sentimos infinitamente orgullosos de haber sido esa chispa pequeña que todavía hoy nos une, sin importar distancias y generaciones. Aquí estamos, dispuestos a acompañar a cada persona que hoy se levanta por una Cuba por todos *y para el bien de todos.*

¡Libertad y Vida para Cuba!
Firman todos los acuartelados en San Isidro:

Luis Manuel Otero Alcántara, Maykel Castillo Pérez (Osorbo), Anamely Ramos González, Omara Ruiz Urquiola
Esteban Rodríguez, Iliana Hernández, Katherine Bisquet
Oscar Casanella, Abu Duyanah, Yasser Castellanos, Osmani Pardo Guerra, Adrián Rubio, Humberto Mena, Jorge Luis Arias, Anyell Valdés Cruz, Carlos Manuel Álvarez

Declaración de Tania Bruguera 6 de diciembre 2020

"Yo no me voy de Cuba hasta que la situación con los artistas independientes se resuelva, suspendo ahora mismo TODOS mis proyectos de trabajo hasta que esto termine" Tania Bruguera

Acabo de hablar con Tania Bruguera y está totalmente en shock porque le pareció estar metida dentro de una película del sábado. Antes de salir con la actriz Lynn Cruz miró afuera y no había absolutamente nadie, iba literalmente hasta la esquina de la casa para intentar comprar unas tarjetas porque la tienen sin internet ya no se sabe desde cuándo. Iban caminando cuando estos agentes vestidos de civil corrían para alcanzarla y con el carro en movimiento abrieron la puerta, frenaron en seco y le gritaron "¡móntate, móntate, móntate!". Tania les dijo que regresaría a la casa y así ahorrarles todo ese espectáculo, lo pidió una vez más, pero la llevaron a la estación de Infanta contra su voluntad, donde estuvo por un rato. De ahí la trasladaron a un parque en Miramar, justo a la salida del túnel (frente a la famosa Casa Verde) donde se apareció el mismo coronel llamado "Alberto" que la ofendió, amenazó y acusó hace un par de días en su casa. Este coronel repitió las mismas acusaciones, pero Tania le dijo que con él no iba a hablar, que le buscara a su superior e irónicamente le respondió que ya sabían que ella quería hablar con #Diaz-Canel.

El coronel le dijo que no podía salir de la casa a comprar ni agua ni comida, que iba a poder salir sólo cuando ellos se lo permitieran; por lo que para mí esto no tiene otro nombre que prisión domiciliaria. Tania preguntó cuál era la razón y la respuesta fue "no puedes salir a nada". Mientras sucedía esto, a Katherine Bisquet Rodríguez le han prohibido llegarse al Instituto Internacional de Artivismo "Hannah Arendt" (INSTAR) diciéndole que #TaniaBruguera tenía un proceso penal en curso. Sin embargo, ayer cuando Tania tuvo un

interrogatorio con la coronel Kenia que es quien la atiende, ésta
no le advirtió de nada.

De regreso, uno de los civiles le pasó a Tania el coronel al
teléfono -el mismo que había visto minutos antes- porque tenía
que decirle que se le había olvidado decirle que ellos sabían que
ella quería salir del país. Efectivamente Bruguera Tania tenía
planes de irse por cuestiones de trabajo, pero esto no era
absolutamente público, pero ellos definitivamente, como siempre,
lo sabían. Le dijo "Si quieres salir del país, nosotros vamos a
ayudarte para que eso se resuelva sin ningún problema." La
respuesta de Tania fue que "Yo no me voy de Cuba hasta que la
situación con los artistas independientes se resuelva, suspendo
ahora mismo TODOS mis proyectos de trabajo hasta que esto
termine". Me tomo la atribución de decir con mis palabras que
doy por cierto que ahora no hay quien la mueva de ahí ni muerta.

#FreeTaniaBruguera #TodosSomosUno #NoHayCabecillas
#NoNosVamosACansar #NoLaVanARomper
#YoNoTengoMiedo

Entre 120 y 150 personas se reúnen en Barcelona en apoyo al movimiento San Isidro y a favor de los Derechos Humanos en Cuba. Y para el futuro eliminar los impuestos abusivos de renovación de pasaportes innecesarios.

El de 10 diciembre de 2020 quedará en la historia de las manifestaciones en Barcelona contra la censura y los derechos humanos en Cuba, como la fecha en que se rompió la barrera de más de cien personas que comenzaron apoyando el Movimiento San Isidro que ha sido el eje y el motivo o motor del evento. Pero en realidad en los manifiestos que se leyeron se habló de la omisión de debates en Cuba sobre violaciones a mujeres y niñas por parte de cuerpos policiales con total impunidad y sin castigo, se habló de la discriminación racial en Cuba, se habló de todos los presos políticos que el Castro vivo niega su existencia...

NOTA INFORMATIVA 29 de abril de 2020

SERVICIOS MÁS FRECUENTES (CON PRESENCIA DEL SOLICITANTE EN EL CONSULADO)	ARANCEL POR UN SERVICIO (EUROS)
RENOVACIÓN DE PASAPORTE O PASAPORTE POR PRIMERA VEZ	183.00
PRÓRROGA DE PASAPORTE	90,00

16 filas más

misiones.minrex.gob.cu › espana › consulado-general-de-...

Consulado General de Cuba Barcelona | Embajadas y ...

Ayer no solo en Barcelona, en Valencia, en Bélgica en Toronto, muchas ciudades se unieron al clamor de unirse para defender derechos. No solo de San Isidro sino de los cubanos en el exterior que son humillados a pagar tarifas a

Cuba por el hecho de haber nacido allí y engordar cuentas de funcionarios del gobierno que viven como millonarios.

Futuro de nuevas Manifestaciones en Barcelona y Europa. Eliminar el impuesto del pasaporte cubano a quien tenga o no la nacionalidad española.

Ya se comenta que pasará lo mismo (manifestaciones en toda Europa) para quitar los abusivos impuestos que tienen que pagar los cubanos para ir a su país, más de 160 euros cuando muchos tienen ya el pasaporte español que cuesta 26 euros). ¿Por qué Cuba obliga a pagar un pasaporte de 183 euros y sus prórrogas de 90 euros anuales a cubanos que ya tienen pasaporte europeo? ¿Por qué hay que pagar a los consulados y embajadas de toda Europa y EU cláusulas de viaje tan abusivas...

26,02€

8. ¿Cuánto **cuesta** el **pasaporte español**? Obtener el **pasaporte** en **España** vale 26,02€. Aquellos que acrediten ser beneficiarios de la condición de familia numerosa lo obtendrán gratuitamente. 21 nov 2019

Esto si se logra bajar o quitar será bueno incluso para ti cubano que no te gusta San Isidro, que no te manifiestas, y ni eres capaz de dar un like en las publicaciones y ni compartes por miedo. Ya no se trata de San Isidro y 27N, se trata de ti. A ver si te incorporas, siempre a voluntad y para cuidar tu bolsillito.

Espero que toda esta gente que ya perdió el miedo ahora se organice, con permisos de manifestación en todas las ciudades y organice una protesta masiva para igualar los precios de renovación de pasaportes o de estancia de familiares en el exterior como otros países, o sea, precios razonables y decentes.

Organización de la manifestación en Barcelona del 10 de diciembre día de los derechos humano y en su sede frente a La Pedrera de Gaudí: Sayde Chaling, Yvette Puig Carbonell y Kenia Hernandez Barreda. Con un éxito sin precedentes en esta ciudad. Con audio, y declaraciones de participantes y música.

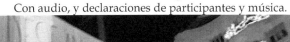

Manifestación en Barcelona 10 de diciembre.

Final con conga y baile de la manifestación en Barcelona
Todo el mundo terminó gritando al ritmo de la canción de Willy Chirino:
¡Que se vayan, Que se vayan! Esta canción Luis Manuel Otero la puso en
su Twitter el 23 de octubre 2020 con un video explícito con el deseo de
que se vayan los Castro.

Foto de la Manifestación en el Consulado el 28 de noviembre
2020.

MANIFESTACIÓN INTERNACIONAL
EN FAVOR DE LOS DERECHOS HUMANOS
EN CUBA

Si no puedo bailar pake tu Revolución
ACCIÓN GUAGUANCUIR

MDC Freedom Tower, Miami
5:00pm
Coordinador en el país:
Estudiantes sin Semillas

Movimiento San Isidro

Bailemos un Guaguancuir es una iniciativa impulsada por artistas, curadoras e investigadoras residentes fuera de Cuba: Lucía Piedra Galarraga, Nonardo Perea (MSI), Paula Valero, Tamara Díaz Bringas, Yanelys Núñez (MSI), + ...

Las manifestaciones en apoyo al MSI el 10 de diciembre, día de los Derechos Humanos en varias ciudades, terminó activando al Parlamento Europeo

Barcelona, Miami, Montevideo, Canadá, Buenos Aires, Miami, Toronto, Bruselas, París, Valencia, Madrid, Bilbao (Asociación Cubano-Vasca Demokrazia kubarentzat) de todas estas ciudades hay testimonios gráficos (fotos, vídeos y directas en Facebook, Instagram o Twitter) de cubanos que viven en el exterior y que salieron a denunciar la violación de los derechos en Cuba para acallar voces de disientes con el gobierno.

El día de los derechos Humanos, 10 de diciembre se convirtió en un clamor de muchos cubanos que viven fuera.

Sin duda la influencia de las redes sociales aquí jugó de nuevo un papel fundamental. Mientras el gobierno cubano sigue con su discurso de que el MSI está financiado por E.U y mantiene esa pataleta eterna sobre terroristas y mercenarios de la guerra fría, le será difícil encuadrar en ese discurso, quien paga a todos los cubanos que se manifestaron en Europa, en América Latina y en Canadá para ir a los consulados y embajadas cubanas de sus países a decir que se acabe la dictadura, que se acabe la represión que ya dura más de sesenta años.

Dos días después de todas estas manifestaciones en todas las ciudades europeas y en América, el Parlamento Europeo escuchó las denuncias de activistas y opositores cubanos sobre las violaciones a los derechos humanos y la falta de libertades que enfrenta la sociedad civil de la isla, durante una sesión extraordinaria de ese órgano sobre la implementación del Acuerdo de Diálogo Político y de Cooperación entre la Unión Europea y Cuba.

Varios de los participantes en el intercambio tuvieron que hacerlo a través de videos grabados, ya que no pudieron conectarse para la videoconferencia en vivo, debido a las restricciones del régimen de La Habana.

Desde esa ciudad, Luis Manuel Otero Alcántara, coordinador del Movimiento San Isidro (MSI), envió una grabación donde denunció que los integrantes del grupo están sitiados por la policía política en sus casas.

"Tengo una cámara frente a mi casa. He estado más de 40 ocasiones en calabozos durante dos años por el simple hecho de querer ejercer mi libertad de expresión y mis libertades artísticas", expuso el activista, quien señaló que el MSI fue creado para empoderar a la sociedad civil por medio del arte "hacia un futuro en democracia".

"Queremos ser un movimiento contemporáneo de protección y defensa de los derechos civiles y culturales en la Cuba presente", dijo. "Nuestra exigencia es el reconocimiento de toda la sociedad civil, desde los que luchan de manera independiente por los derechos de los animales, las mujeres, los derechos raciales".

"Toda esa sociedad civil que es un sentir del pueblo y que el régimen no lo reconoce, y si no los reconoce como interlocutores el pueblo está silenciado y reprimido. Por lo tanto, pedimos la personalidad jurídica para la prensa independiente, para partidos políticos que verdaderamente sean símbolos de un sistema democrático. Básicamente, pedimos libertad y democracia", enfatizó.

También intervinieron, Berta Soler (Damas de Blanco); el activista Manuel Cuesta Morúa, Dagoberto Valdés, del centro de estudios Convivencia; José Daniel Ferrer, líder de la Unión Patriótica de Cuba (UNPACU), agradeció la colaboración que la Unión Europea trata de brindar al pueblo de la isla. El periodista Reinaldo Escobar, director del diario independiente *14yMedio*, subrayó el desamparo de los medios que no están controlados por el régimen a través del Partido Comunista de Cuba.

Madrid

Cubanos de Cuba Convergente República Dominicana

Cubanos Libres de Bélgica

Cubanos en Toronto

Cubanos Libres de Andalucía

Protesta en la Embajada de cubana en México

Violinista Luis Alberto Mariño ante Embajada de Cuba en Argentina

París, sábado 12 diciembre manifestación en la embajada de cuba en Francia de 10am a 12m

78 rue de la federation 75015 París

NO MAS DICTADURA

VI CUBA LIBRE

NO MAS REPRESION

CONTACTO: Cubains en France pour Cuba démocratique

FREEDOM OF EXPRESSION

ABAJO LA DICTADURA CUBANA

Cubanos radicados en Finlandia apoyan a San Isidro, protestan ante la Embajada cubana en Helsinki. Reyner Doval convocó la manifestación

Cofradía Helvética (cubanos de Ginebra) se manifestó también el 10 de diciembre por los derechos humanos en Cuba

Manifestación en Valencia a favor de San Isidro. Foto Elvira Rodriguez P.

Pretendemos defender con valentía la digna causa de abogar por la restitución de los derechos, las libertades e igualdades que le han sido arrebatadas al pueblo de Cuba tras 61 años de cruel dictadura castrista, estamos en Bilbao, País Vasco. Asociación Cubano-Vasca Demokrazia kubarentzat

El grupo Movimiento San Isidro de Miami merece un especial dentro de todos los grupos del exilio, pues su calendario de actividades ha sido el más importante

MSI Miami, es de los grupos más activos. Ellos pusieron de moda la canción de El Crema, "San Isidro no está solo," y el grito ¡¡¡Como dice Gente de Zona!!!!!ABAJO LA DICTADURA!!! Que luego se escuchó en Barcelona, lo mismo. Han impreso camisetas y recaudan fondos, un ejemplo y un camino a seguir en otros grupos de este corte.
Noviembre: *Frente al Versailles el 22; Freedom Tower el 25. El viernes 27 fueron a Margaret Pace Park. El sábado 28 hubo en Versailles de nuevo. El domingo 29 se hizo una misa en Saint Jude. En noviembre 30 en la Calle 8 en Bahía de cochinos.*
Diciembre. *Día 3 fueron a Freedom Tower. El viernes 4, Fiesta en Winewood. En diciembre 10, día de los Derechos Humanos, la procesión de todos los grupos en Freedom Tower. El domingo 12 bailaron guaguancuir.*

130

Primeras declaraciones de Luis Manuel Otero Alcántara tras su huelga de hambre. Donde agradece el apoyo nacional e internacional al MSI (Movimiento de San Isidro. Desde Cuba)

Declaraciones de Luis Manuel desde el Cerro.
Casa de su Abuela en La Habana.

Después de unos días desde el 26 de noviembre que desalojaron la casa de Luis Manuel Otero Alcántara, al Movimiento San Isidro y a todos los que estaban unidos a ellos de la Sociedad Civil en Cuba, Luis estuvo entre retenido, y detenido o secuestrado por la seguridad cubana, no en cárceles sino en hospitales.

Mientras estuvo ausente, diferentes voces del Movimiento San Isidro, diría mejor, demasiadas voces, tuvieron excesos ((Rechazaron el apoyo de los jóvenes artistas 'plantados' en el Ministerio de Cultura y sus intermediarios)) esto hizo pensar a alguno de ellos en abandonar por ser acusados de traidores, un dispare mayúsculo que por suerte se ha corregido.

Las palabras de ayer (2 de diciembre) recogidas en una " directa" de Luis Manuel, dando agradecimientos a quienes fueron al Ministerio de Cultura, a quienes se unieron a él en San Isidro en su casa de Damas, a quienes le recargan móviles, o a cubanos en el exilio que se han movilizado en embajadas y consulados de medio mundo, hace pensar que lo que pasó con MSI no fue un espejismo, sino que continuará en buenas manos.

Escúchalo tú mismo.

Noticia sobre los cubanos a favor del Movimiento de San Isidro en Catalunya y una Asociación de cubanos fake, en contra, leer detalles...

Los cubanos que residimos en Barcelona de forma espontánea y con nuestros medios propios, hemos organizado dos manifestaciones a favor y en apoyo del Movimiento de San Isidro en Cuba.
La primera el 24 de noviembre la impulsó Columna Cultural, (grupo de Facebook) de mayoría artística, donde imprimieron carteles y se hizo performance en varias zonas alrededor del Museo del MACBA de Barcelona (ver fotos y vídeos abajo).

2da manifestación en Barcelona

El 28 de noviembre, día Sábado y con lluvia propia de otoño, Luis Ernesto García Reyes convocó de forma personal, con permiso oficial de la Generalitat incluido, una manifestación frente al consulado cubano, en Passeig de Gràcia, 34, donde agrupó a unos 50 cubanos, artistas, actores y personas sin filiación artística, solamente solidarizados con los sucesos del Movimiento San Isidro, quienes gritaron consignas a favor del MSI y en contra de la represión en Cuba. Tuvieron hasta la gracia de dejarle el cartel de su oposición a la represión en la puerta del Consulado para que el lunes se lo encontraran los trabajadores de la seguridad del estado del consulado. Estoy seguro que si no hubiese las restricciones perimetrales y municipales por el covid 19, más de cien personas podríamos habernos acercado. Pero yo y muchos ubicados en las afueras de Barcelona, no pudimos acercarnos.

Después del "éxito" de estas dos Manifestaciones de Apoyo al Movimiento de San Isidro, hablo de éxito, si tengo en cuenta que hace unos años cuando convocamos una manifestación similar, en las puertas del consulado en apoyo a Orlando Zapata Tamayo, opositor albañil cubano que murió en las cárceles cubanas, solo fuimos al consulado unos 9 cubanos. O sea, que ver estas dos manifestaciones, y, además, el compromiso de muchos otros que por las redes manifestaron su apoyo al MSI, es esperanzador este despertar.

Las webs más importantes de perfil cubano y el periódico más importante de Catalunya se han hecho eco de estas manifestaciones...

www.cibercuba.com › ... › Movimiento San Isidro ▾
Cubanos se manifiestan frente a consulado en Barcelona en ...
hace 5 días —— Cubanos se manifiestan frente a consulado en Barcelona en solidaridad con el Movimiento San Isidro. Actualidad · Lázaro Javier Chirino.
Visitaste esta página el 29/11/20.

adncuba.com › noticias-de-cuba › actualidad › fuerza-s... ▾
"¡Fuerza San Isidro!": artistas cubanos apoyan desde Barcelona
24 nov 2020 — "San Isidro", reza dicho cartel de aproximadamente dos metros de longitud. ...
Más de una decena de artistas cubanos en Barcelona, se plantaron este ... se posicionaron a favor de la liberación del artista Luis Manuel Otero ...
Visitaste esta página el 25/11/20.

puentealavista.org › 2020/11/25 › movimiento-de-san-i... ▾
Movimiento San Isidro llega a Barcelona | Puente a la Vista
25 nov 2020 — ... de Barcelona quedarán marcadas por los carteles a favor del MSI ... Hoy, para los cubanos el Movimiento de San Isidro representa a un grupo de ... se implican y vienen aquí en este otoño con diez grados en Barcelona. ...

www.lavanguardia.com › política › exilio-cubano-apoy... ▾
Exilio cubano apoya al Movimiento San Isidro en una protesta ...
hace 4 días —— Última hora sobre la evolución del coronavirus en España CUBA DISIDENTES Exilio cubano apoya al Movimiento San Isidro en una protesta en Miami ... congrega el exilio cubano en Miami, gritaron consignas a favor del ...

Incluso la web que lidera Yoani Sánchez *14 y Medio,* se hizo eco, no solo de las manifestaciones, sino del Zoom colectivo que se hizo desde Barcelona con escritores, artistas y activistas de Barcelona y otras partes del mundo, con nuestros nombres.

Vigilia telemática organizada desde Barcelona por escritores y artistas del exilio cubano en solidaridad con el Movimiento San Isidro. (Captura)

Durante este viernes, han seguido llegando las muestras de solidaridad con el colectivo desde el exterior. Por ejemplo, de los Países Bajos, donde la ministra de Asuntos Exteriores, Bahia Tahzib-Lie, expresó su preocupación por lo que está pasando, pidió al Gobierno cubano que respete los derechos humanos y la libertad de expresión y condenó las detenciones arbitrarias.

En Madrid, algunos miembros de la comunidad cubana volvieron a convocar una manifestación frente a la Embajada de Cuba.

Desde Barcelona, varios escritores, artistas y otros profesionales en el exilio organizaron una "vigilia conjunta" telemática, que tuvo lugar a las 11 hora de la Isla. Wendy Guerra, Ernesto Hernández Busto, Néstor Díaz de Villegas, Esther María Rodríguez, Jorge Ferrer, Ginés Górriz, Elina Vilá, Pável Urquiza, Dean Luis Reyes, Arsenio Rodríguez Quintana, Alejandro Aguilar, Camilo Venegas, Carolina Barrero, María Elena Blanco y Leandro Feal se conectaron vía Zoom para leer poemas, con un "mensaje doble": al Movimiento San Isidro, "en su apoyo", y al Estado cubano, "para echarle en cara su irracionalidad y su crueldad".

Carta fake de cubanos en Catalunya de una Asociación José Martí que no firma nadie
Como era de esperar, aquí en las imágenes de este post, pueden verse una carta de una ¿? "*Asociación de Cubanos de Catalunya José Martí,*" evidentemente teledirigida desde el Consulado Cubano, o simplemente negacionistas de la dictadura cubana que también tienen su espacio y su derecho a decir lo que piensan, faltaría más.

Dicen que ellos no están de acuerdo con el movimiento "grupúsculo de disidentes". Me parece perfecto. Ahora lo hacen en una carta que cuelgan en un post del blog de dicha asociación, en 19 años en Catalunya, jamás los había escuchado, ni leído, ni visto ni sé quiénes son; ahora he visto su blog y no me queda dudas que son epígonos del consulado, que dicen dar noticias de Cuba, y del MSI que son cubanos y su eco en toda la prensa europea ni una palabra, eso sí a modo de Guerra Fría obsoleta han hecho esta nefasta carta. Es sumamente curioso, que ellos acusan a todos los demás de estar financiados por alguien. Pero todos los del MSI, dan su cara y su nombre, los manifestantes cubanos de Barcelona que he puesto aquí, están con su cara y sus nombres en sus muros y en las manifestaciones con su cuerpo representadas. Resulta que esta carta tiene un solo nombre, el del presidente del gobierno español, los supuestos "numerosos cubanos y cubanas de Catalunya" sin cara y sin nombre un genérico ridículo.

En tiempos actuales y hasta que no hagan una manifestación real para conocerlos de cerca, es una asociación *fake, un anglicismo* para hacerme el moderno. Por cierto, sé que les hago un favor a esta Asociación *fake* poniéndolos aquí pues su visibilidad y sus pretensiones de llegar al presidente del gobierno español, no solo es ridícula, sino nula en la prensa.

Carlos Manuel Álvarez salió de un cuento de Kafka, "Ante La Ley" y no esperó a que le dieran permiso para salir.

Ayer viendo lo que le hicieron a Carlos Manuel Álvarez se me ocurrió que debería enviarles a todos vosotros para que lo relean este cuento de Kafka... Esa entrada a la libertad es solo vuestra, Ustedes están en su casa "

Ante la ley.

Un hombre de campo en búsqueda de la ley desea acceder a la misma entrando por una puerta, pero el guardián de la misma se lo impide diciéndole que no puede pasar en ese momento. El hombre pregunta si alguna vez podrá pasar, a lo que el guardián responde que es posible "pero no ahora" ("jetzt aber nicht"). El hombre espera por años, sobornando al guardián con todo lo que tiene. Éste acepta los sobornos, pero dice que lo hace "para que no creas que has omitido ningún esfuerzo". El hombre no intenta hacer daño al guardián para acceder a la ley, sino que espera hasta la muerte. Justo antes de morir le pregunta al guardián, por qué si bien todos buscan la ley, nadie se ha acercado a la puerta en todos esos años. El guardián le contesta "Nadie podía pretenderlo porque esta entrada era solamente para ti. Ahora voy a cerrarla.

El escritor y periodista cubano Carlos Manuel Álvarez fue liberado esta noche después de seis horas en comisaría donde había sido conducido por dos agentes de la Seguridad del Estado. Carlos Manuel Álvarez, en arresto domiciliario desde finales de noviembre, fue detenido este lunes en la ciudad de Cárdenas, provincia de Matanzas, por dos policías vestidos de civil que le impidieron salir de su casa y se lo llevaron a dependencias policiales sin mostrar orden de detención alguna.

Álvarez se había negado a regresar a su domicilio después de 17 días bajo un arresto domiciliario no declarado durante el que ha estado obligado a encerrarse en casa de su abuela sin razones legales o médicas que lo justifiquen.

"La detención de Carlos Manuel Álvarez por un agente de civil, que no mostró identificación, ni orden de arresto, fue un acontecimiento estremecedor; pero todavía más, lo fue ver a unos padres exigiendo libertad para su hijo, en la misma cara de quien lo conducía a un paradero sin esclarecer." Si alguien dudaba de la detención de Denis Solís y su arbitrariedad, cuando uno ve la directa de esta detención, y actos de repudios a otros miembros del movimiento desacredita toda posibilidad de pensar que en Cuba se respeta algún derecho. ¿Si son capaces de hacer esto con personas públicas y artistas reconocidos qué pasa con la gente de a pie que protesta en Cuba?

Este escritor y director de *El Estornudo*, es digamos la parte más intelectual sumada a los acuartelados de San Isidro. Su caso es emblemático, él no estaba en Cuba, se unió a Damas 955, cuando ya estaban en huelga de hambre el 24 de noviembre, fue desde Nueva York a La Habana. Lo que detona que el gobierno cubano minimizó en todo momento lo que ocurría en Damas, 955, pues si hubiesen imaginado el respaldo internacional del mismo, quizás jamás lo hubiesen dejado llegar a casa de Luis Manuel Otero. Siendo periodista y director de *El Estornudo,* abrió un ángulo distinto de difusión de los acuartelados llegando al diario más vendido en España como *El País*[4].

---

[4]*Los artistas del hambre: relato del desalojo de una protesta en Cuba.* Título del art, publicado por Carlos Manuel el 30 de noviembre en El País.

Katherine Bisquet Rodríguez y Camila Lobón hicieron una sábana para denunciar que llevan trece días en prisión domiciliaria ilegal en Cuba y la colgaron a la calle

El valor de estas jóvenes contra la dictadura en Cuba es descomunal. Mi apoyo a ellas y al Movimiento San Isidro y al 27N es sin fisuras

"Sábana pintada" del Muro de Katherine:

"Hemos depuesto nuestro maquillaje para la creación de este cartel. Cada lápiz labial, cada lápiz de ojo, rímel y purpurina rellenan estas letras. Y estas letras portan nuestros deseos de libertad. "Trece días de privación ilegal de libertad, tenemos derecho a expresarnos libremente". Dice este cartel en la sábana que cuelga ahora a la intemperie. Los humanos, como las fieras, están hechos de miedos. Y de deseos. Un día feliz, un día cualquiera, el humano se levanta y se dispone a eliminar a la fiera. Una criatura enorme que controla todo y que por lo tanto también lo domina. El humano quiere construirse un mundo sin fiera. Un mundo mejor, digamos, dice el humano. Un mundo donde el recuerdo del animal no sirva sino para recordar el olor de los pájaros muertos. Para eso necesita destruir un par de cosas, apenas las imprescindibles. Las necesarias como mucho. Todo lo que lo limite dentro y fuera de su cabeza.

Hoy es el día trece del encierro que se nos ha impuesto. Hoy es el día en que nos levantamos con la disposición de eliminar a la fiera. Y la fiera

140

pueden ser nuestros miedos y las cosas que nos oprimen. Tenemos deseos y tenemos derechos. Nuestros deseos de movernos libremente por nuestro propio país. Nuestros derechos a cumplir esos deseos de libertad plena y expresión plena. Ningún otro humano nos puede suprimir esos deseos, ni esos derechos. Ningún otro humano nos puede impedir la movilidad y la capacidad de pensar y de crear. Queremos que todos los humanos tengan los mismos derechos. Y queremos que todos seamos libres para ejercerlos."

Hablo con ella por Messenger y me cuenta que la sábana duró poco pues la seguridad del estado que la vigila la retiró lo más rápido que pudo, y le comento que un performance así, "exigiendo libertad," no dura el tiempo que el estado represor decida, dura el tiempo que la memoria colectiva de los que están en libertad a pesar del cerco, quieran que lo esté. Para mí las sábanas ya no serán nunca blancas como la canción, las sábanas con texto serán las "Sábanas de San Isidro/ 27-N. Y de este post saltarán a un libro, eso no lo dudes.

Brillante poema de Katherine Bisquet Rodríguez. Una de las poetas que se encerró en San Isidro escribe un poema en libertad bajo el asedio policial...

Nota 1
Hoy es un día soleado,
El primer día soleado dentro de un puñado de días
de encierro
Y empiezan a abrirse los gladiolos que me trajo mi
padre el día de mi cumpleaños.
Sacaré mi cabeza a secarle toda la humedad
Y a sacarle todas las malas ideas
Y lavaré la ropa de todas estas jornadas de trabajo.
Mientras enrollo la hamaca que he dejado colgada
Miro hacia abajo para anotar el número del nuevo
carro patrullero.
Me entretiene llevar la cuenta de esta serie
cancerbera
El número de hoy es 044.
Las dos mujeres policías han comprado tamal en
hoja
Se notan más desenvueltas, y más felices
Bromean con el tamalero
Y el tamalero lanza chistes desconfiado
Nadie muerde la mano que te ha dado de comer,
Piensa el tamalero.
Una de ella embarra la puerta del carro blanco del
grasiento alimento amarillo.
Las hojas del tamal yacen en la acera
En las inmediaciones de la puerta de mi casa.
12/12/20

Katherine

Brillante poema de Katherine Bisquet Rodríguez. Una de las poetas que se encerró en San Isidro escribe un poema en libertad bajo el asedio policial...

Su mirada coloquial sobre el hecho que narra, "policías mujeres" que le asedian a la puerta de su casa con un carro de patrulla, están aterradas con la "libertad" ganada de BISQUET y otros 13, más otros del 27N.

Nos advierte que el MSI es algo superior, es ese ADN que llegó para quedarse pues contiene el gen más preciado, ser libre sin pedir permiso. Son una generación que se crió cantando *¡¡¡¡¡Habana Abierta te lo trae de Pinga!!!!!*, o *A mi socio Alberto lo metieron cana por fumar una yerbita que no estaba mala*, dos joyas de canciones de Vanito y Boris miembros de este mítico grupo. También con esas Damas de Blanco por Miramar reclamando sus derechos, o los gloriosos grafitis de El Sexto, quien tampoco pedía permiso para escribir "Se fue." Yo no puedo afirmar con rotundidad que no tienen miedo, pero sí sé una cosa, son libres y andan regalando ese gen de libertad a otros cubanos de dentro y muchos más de afuera que hasta ahora no sabían que lo tenían.

Nosotros, hijos y nietos ya de terroristas melancólicos
y de científicos supersticiosos,
que sabemos que en el día de hoy está el error
que alguien habrá de condenar mañana.
Heberto Padilla (1968) Fuera de Juego

O sea, ser libres allí dentro rodeado de marionetas militares con una orden directa: intentar (Re) inocularles el miedo. Se advierte esa esencia de

145

estar ' Fuera de Juego' en el siglo XXI
rememorando a Heberto Padilla, quien ya
profetizo en estos versos citados "que alguien
habrá de condenar mañana", ese mañana es estos
días de San Isidro y 27N, u ojalá sea el último.

Katherine Bisquet Rodríguez

Modos casuales en que puedo morir: Luis Manuel Otero Alcántara

Luis Manuel el 15 de diciembre del 2020, decide hacer un performance con fotos, con las posibles muertes accidentales que le pueden ocurrir por liderar el MSI. Él está dispuesto a todo después que hizo una huelga de hambre hace esto para advertir que él no se va a matar, que, si le ocurre algo, ya lo dejó claro en esta acción.

Lo que más me preocupa no es mi muerte. El cambio en Cuba tiene que ser más que un líder o movimiento. Cada cubano tiene que ser un líder o lideresa y agente de ese cambio que está pasando ya.
@Mov_sanisidro #estamosconectados

Quizás todo esto viene dado porque La Asamblea Nacional en Cuba se reúne y vuelve a jugar con las amenazas que llevan usando desde hace 60 años, e intentarán aplicar las mismas "leyes revolucionarias" que usaron durante la "Primavera Negra". Lo que hace evidente que el MSI los tiene contra la pared y no saben exactamente cuál camino han de coger. No dejarlos salir de su casa, detenerlos de forma breve y soltarles. Amenazar a sus familias. Es evidente que la campaña que iniciaron el 24 de noviembre en el Granma comparándolos con terroristas, no les valió de nada, pues justo tres días después se les sumó más de 300 jóvenes de esa generación y muchos artistas de otras generaciones y diferentes disciplinas artísticas dentro de Cuba, también se posicionaron a favor.

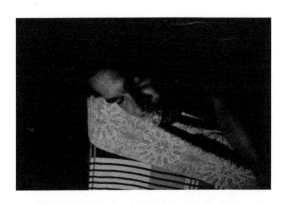

UN AZAR QUE EL DIOS
DE LA DICTADURA HA
TEJIDO DE MANERA
MINUCIOSA

LOS MODOS
CASUALES EN QUE
PUEDO MORIR

17 de diciembre del 2020, Día de San lázaro: MSI y 27N

Reunión en la Iglesia de Reina del MSI y 27N

Hoy, día de San Lázaro, en la Iglesia de Reina, pedimos por el reconocimiento y respeto del derecho a la libertad de expresión y la diversidad de criterio como únicas garantías para construir, con la participación de todos los cubanos, la sociedad digna que soñamos. Luego nos reencontramos y debatimos, manifestantes del 27N y miembros del Movimiento San Isidro.

Tania Bruguera y Luis Manuel Otero se encuentran en estos momentos privados ilegalmente de libertad y Maykel Osorbo detenido arbitrariamente, al intentar salir de su domicilio. Por esta razón, una vez más, no pudieron acompañarnos.

Twitter del 27N

La revista *digital El Estornudo* colgó un video del 2018 que viene de perlas para el final del 2020

En la mañana de este 23 de diciembre un importante grupo de artistas cubanos organizó un juego de fútbol en las afueras del centro deportivo José Martí, ubicado en el Vedado habanero, como forma de protesta contra el decreto ley 349, el cual codifica y radicaliza, paralelo al marco de la nueva Constitución, el ejercicio de la censura en el ámbito de la cultura. Entre los más de 70 participantes, se encontraban también varios Premios Nacionales de Artes Plásticas. Aquí el video de lo acontecido.

#Noal349 #censuraenCuba #Decreto349 #YoVotoNo

Este juego o performance de futbol contra el gobierno o sus leyes de represión cultural, es un remake de lo que ocurrió en 1989, que organizó en Abdel Hernández, pero para jugar al beisbol, pero de aquél no se enteró nadie, este gracias a las redes en un solo día el video tenía 25 mil views.

Cartel arriba y foto de algunos participantes abajo.
Ángel Alonso, Ángel Delgado, Luis, entre otros.1989

Agradezco a Vizcaíno que me cedió esta foto donde aparecen Ángel
Delgado, Peteko, Luis, Pedro Vizcaíno, Ermitaño, Nilo Castillo, en fin
algunos tan jóvenes que no le reconozco.

Evento de diciembre 2018

154

CIA

Cuban Independent Art

El 27 de enero del 2021 el Ministro de Cultura Alpidio Alonso golpea a un joven del 27N que graba con su móvil. Luego en un bus fueron golpeados algunos más.

Los plantados frente al Mincult, 27 de enero 2021

Alpidio el 27 de enero en Twitter -dijo en una directa Tania Bruguera- pidió a los miembros del 27N o sus representantes que vinieran al Mincult, a dialogar dos meses después. Lo que no sabían esos jóvenes es que allí les esperaba una turba de policías y un autobús para pegarles. Mientras que otros policías ya tenían sitiados o bloqueados a otros activistas, hecho que pudo comprobarse en una directa del poeta Amaury Pacheco del MSI quien se disponía a ir al Ministerio de Cultura y se ve cómo unos policías no le dejan ir y lo detienen y se lo llevan en una patrulla de la policía.

La policía política y ministerio de cultura tenían orquestada una emboscada a los jóvenes del 27N, su respuesta al diálogo.

En varios videos tomados en el lugar se ve cómo Fernando Rojas comienza a invitándoles a entrar sin móviles y rodeados de civiles armados. Ellos se niegan a entrar porque ven claramente lo que hay, y le dicen a Fernando Rojas que cuando se vayan ellos entran con sus móviles su única protección. Se escucha a una chica decir claramente en voz alta que están allí para exigir que suelten a Pacheco, Tania Bruguera y Katherine Bisquet..., luego sale el ministro de cultura Alpidio Alonso y golpea a un joven para quitarle el movil. Ese manotazo es horroroso, pero lo peor es el audio de la paliza que les dieron a casi todos esos jóvenes en el autobús, para retirarles sus teléfonos, estaban aterrados con que grabaran, la paliza fue filtrada en RADIOVIVA.24.COM. Si añadimos que a Camila Lobón le tocaron los genitales con el pretexto de buscar micrófonos, y a Carolina y Celia González les alzaron la falda buscando micros, la aberración de los hechos es más que reproblable y es en toda regla una violación y así se los dije en un Zoom que tuve la suerte de participar con ellas.

"Nos negamos a entrar al ministerio porque ponían la condición de dejar los teléfonos fuera, que son la única, literalmente la única arma que tenemos para protegernos... y no es de fuego, por si a alguien se le escapa este detalle", explica. Julio Llópiz

"Además de estar agotado necesitaba procesar lo sucedido. Mi mente no le daba crédito a mucho de lo que mis ojos vieron y mis oídos escucharon ahí. El grito de espanto y furia de las mujeres maltratadas me retumba todavía en la mente." Reynier Leyva Novo

Lo último que recuerdo frente al Ministerio de Cultura, es mirar a los ojos a Fernando Rojas, que impávido, con gesto de consentimiento, observaba como una agente de civil abalanzada sobre mí, me inmovilizaba en el asiento del ómnibus. Camila Lobón

El 28 de enero ha amanecido con textos en todas las redes donde se exige la dimisión del ministro. Una directa de Luis Manuel Otero en *ADN Cuba*, pide su dimisión en 24 horas por golpear de Camila, Celia y otras amigas. Una carta en *change.org* recoge más de 4 mil firmas para que dimita. El mejor homenaje a José Martí que podría hacer, aunque no lo hará, dejar el puesto no está en el decálogo de un puesto a dedo de un dictador. Hoy habrá más jóvenes radicalizados en Cuba, aunque muchos tendrán también más miedo sabiendo que no habrá diálogo posible con quien prefiere golpear.

Listado de detenidos en las afueras del Mincult[5]

1 *Julio Llopiz-Casal*
2 *Mijaíl Rodríguez*
3 *Ulises Padrón*
4 *Solveig Font*
5 *Mauricio Mendoza*
6 *Carolina Barrero*
7 *Reynier Leyva Novo*
8 *Syndi Riverí*
9 *Miryorli García*
10 *Henry Eric*
11 *Celia González*
12 *Héctor Luis Cocho*
13 *Maykel Castillo (Osorbo)*
14 *Lara Crofst*
15 *Nelson Julio Álvarez*
16 *Camila Lobón*
17 *Alfredo Martínez*
18 *Eliexer Márquez*
19 *Anyelo Troya*

Arrestados y Liberados
1 *Camila Acosta*
2 *Amaury Pacheco*
3 *Tania Bruguera*
4 *Katherine Bisquet*
5 *Oscar Casanella*

Desaparecidos
1 *Luis Manuel Otero Alcántara*
2 *Jorge Luis Arias*
Con Vigilancia en la casa
1 *Michel Matos*
2 *Iliana Hernandez*
3 *Luz Escobar*
4 *Adrián Rubio*
5 *Anyell Valdés*

[5] Listado elaborado a las 10 horas de España, por Yanelys Núñez.

2da Parte. Textos sobre disidencia artística escritos en mi blog: 2010-2020

Desacoplamiento entre las acciones inspiradas por el miedo y los estremecimientos existenciales que generaron el miedo que las inspiró.
Zygmunt Bauman
Miedo Líquido

El *Cuba Libre*, de Yoani Sánchez

No se me ocurre mejor manera de conmemorar mi primer mes como Blogger, que, escribiendo sobre Yoani Sánchez, quien a fuerza de post y post en su bitácora-yo, Generación Y desde abril del 2007, ha creado una veta de luz por donde puede mirarse la realidad cubana como una enciclopedia de libertad personal.

Además, es la primera y más conocida bloguera cubana, capaz de opinar desde su casa en La Habana, en programas de radio en España, sobre sucesos políticos en Cuba. He tenido la experiencia en Barcelona de estar escuchando la cadena Ser de ámbito nacional, en el espacio La ventana de Gemma Nierga, y el equipo de la locutora contactar por teléfono a Yoani, para que diera su opinión sobre Orlando Zapata Tamayo, antes y después de morir en huelga de hambre. En diez años viviendo en Europa los opinadores sobre la situación cubana siempre eran españoles vinculados a Cuba, o exiliados cubanos lejos de esa realidad, nunca una voz tan libre desde la isla tuvo tanto impacto en los medios españoles. Le concedieron el premio de periodismo Ortega y Gasset en el 2008, en la categoría de periodismo digital, merecido ante todo porque ella responde mejor que nadie al concepto filosófico de Ortega: "el hombre y sus circunstancias".

Con el tiempo se dirá que Yoani abrió el camino para que las blogueras cubanas fueran respetadas por lo que escribían y no porque antes tuvieran que labrarse un camino literario. Yoani no ha necesitado un libro para entrar en los medios de comunicación más importantes de Europa, al estilo de la excelente novela "La nada cotidiana" de Zoé Valdés que le abrió todas las puertas; Yoani solo encontró la tecnología (Internet y sus derivados blogs, Facebook, YouTube, y ahora Twitter) y una rajadura en el muro del sistema totalitario donde vive, para por allí colar letra a letra sus posts con la mayor libertad que su experiencia le permite.

No escribía el blog para ser escritora, sino escribió como posesa o poseída de una absurda realidad que disecciona milímetro a milímetro con un teclado bisturí. Opina siempre en la medida de la anécdota corta que narra y que nunca supera la cuartilla. Tiene poco de ficción en todo el libro, quizás porque vive en la mayor ficción surreal de un estado, que se dice socialista, y la sociabilidad con sus ciudadanos ya no existe ni en educación, ni en cultura, ni en asistencia hospitalaria, y, sobre todo: en libertad.

Sé que su blog, no puede leerse en La Habana, pero tengo la ilusión de que este libro, compendio de sus posts, penetre por las rajaduras del sistema llevado por manos amigas, y la gente allá pueda reencontrar su realidad, como antes lo hicieran con otros libros de Cabrera Infante, Vargas Llosa, Zoé Valdés, entre otros autores prohibidos. Sánchez fue incluida en mayo del 2008 en la lista de las 100 personas más influyentes del planeta según la revista Time; Barack Omaba se dirigió a ella para enviar un mensaje sobre la posición de Estados Unidos sobre su política exterior con respecto a Cuba; pero para mí el premio más justo es el de Héroe Mundial de la Libertad de Prensa, septiembre 2010, del Instituto Internacional de Prensa, a ella le cuesta más que a ningún otro bloguero en red, llegar hasta aquí, no obstante, sus mensajes son leídos por más de un millón de seguidores.

/2010

La banda sonora de la oposición en Cuba, siglo XXI/[6]

En estos momentos que el músico Amaury Gutiérrez está siendo compartido en Facebook, Twitter, webs cantando la canción dedicada a Laura Pollán, es un buen momento para comentar la banda sonora de la oposición de Cuba en estos últimos años.

Cuando Pablo Milanés defendió públicamente a las opositoras cubanas Damas de Blanco, en agosto pasado, en Miami, ya hacía mucho tiempo que dos jóvenes raperos cubanos El Primitivo y Julito habían colgado en YouTube un rap a favor de estas valientes, y El Aldeano había colgado otra pieza excelente Aldito el gusanito donde Las Damas son el inicio del discurso narrativo e inspirador.

Incluso, hacía un año que el grupo de rap Los Aldeanos, en Rotilla Festival, en Jibacoa, ante más de tres mil personas, habían rapeado a capella su monólogo sobre la ¡Pinga! donde el órgano reproductor masculino se erige en arma arrojadiza contra los órganos oficiales como el Ministerio de Cultura, o contra la policía que los sigue y persigue, así como contra todos los chivatones que trabajan para el gobierno cubano denunciando a la oposición. Sin olvidar la pieza Somos la raíz del cambio, de mayo de este año, de S4drón Patriota.

Desde principios del siglo XXI, la oposición en Cuba cuenta con la complicidad sin miedo de gran número de jóvenes músicos cubanos en diferentes géneros. Sin duda los más visibles han sido Porno Para Ricardo quienes, a través de la peli Habana Blues, se hicieron bastante conocidos, posible causa de no estar entre rejas, aunque

---

[6] El rap *Diazcarao* de Maykel Osorbo junto a El Funky, marca el tiempo del MSI, junto *San Isidro no está solo,* del Crema, que ha sido la banda sonora de muchas manifestaciones en apoyo al MSI en estos dos meses

miembros de su grupo hayan pasado temporadas en ese infierno. Porno para Ricardo abrió un capítulo interesante de la crítica al gobierno cubano ya que utiliza imágenes que van de lo grotesco a lo burlesco ridiculizando a los grandes iconos de la revolución cubana sin ambages: Fidel y su hermano Raúl, el Coma andante es una pieza emblemática de este grupo, su música me recuerda al grupo español Mojinos Escocidos.

No obstante, si esta banda sonora tiene un estilo que la defina, sin duda es el Rap, y muestra de esto es esta grabación ¡¡¡Protesto!!!, donde 27 raperos se unen para protestar contra la exclusión social a que está sometido el barrio de Alamar y sus vecinos hasta críticas directas al gobierno cubano. Es muy significativo en el visionado de este video, ver a raperos de Santiago de Cuba, La Habana y Guantánamo juntos con la iniciativa de protestar.

Es quizás la mejor manera de apreciar el legado que en pocos años han generado, sobre todo, Las Damas de Blanco quienes protestan caminando en silencio, pero ahora tienen más de una voz.

/2011

PORNO PARA RICARDO
EN SU GIRA POR TODOS LOS CDR
DE LA CAPITAL PRESENTA:

YO 💔
MI CDR

REELECCIONES EN PUNTA BRAVA
CON TECNOLOGIA DE PUNTA.
DIRECCION:Municipio Punta Brava Ave 249 # 4614 /46 y 48
HORA: siete de la noche el sabado que viene que cae 27 de noviembre del 2010

Pablo Milanés y las Damas de Blanco

Cuando Pablo Milanés estuvo en la UMAP (Unidad Militar de Ayuda a la Producción), los famosos campos de concentración creados por la Revolución para jóvenes "desviados" en los años sesenta, escribió una canción que lleva años sin cantar en público, sí editada en un disco en España, 14 pelos y un día Una letra muy breve, pero de una profundidad y denuncia intensas, ahí menciona en forma de metáfora la alambrada con corriente eléctrica con que estaba cercado su encierro y lo impedía salir...
14 pelos y un día/ Me separan de mi amada/14 pelos y un día me separan de mi madre/Ahora sé a quién voy a querer cuando los pelos y el día los logre dejar...
En agosto del 2011 sin ambages metafóricos Pablo apoyó las libertades que se tomaban las Damas de Blanco, que de metafóricas no tienen nada, son opositoras al gobierno de los Castro y caminan solas en silencio; otros les han puesto voz, pero la voz de Pablo en contra de los golpes que le pegan los cobardes castristas apoyados por el gobierno hace que se escuche más alto, más claro y llegue más lejos. Me da igual el contexto en que lo hizo, mucho menos a quien utilizó para hacerlo, o si se demoró más o menos tiempo, lo importante es que entró en una corriente de canción protesta del pueblo cubano contra el gobierno que lideran estas Damas desde el 2003, pero que poco a poco la sociedad civil en Cuba comienza a asumir en protestas callejeras visibles a través de los múltiples canales de Internet que luego pasan a la prensa tradicional de varios países.

 No olvidar que, a pesar de la militancia revolucionaria de Pablo, fue capaz, en los ochenta, de crear una institución alternativa al Ministerio de Cultura, la Fundación PM y de ahí fue coherente y dio a conocer en Cuba y en el extranjero a Tosca, Gerardo, Xiomara, Raúl Torres y recuerdo que entre los últimos estuvo también el dúo

Cachivache. La mayoría de los artistas que promovió eran de raza negra porque le pareció que el racismo cabalgaba a sus anchas en el Ministerio de Cultura. Aunque fracasó su intento, fue otro signo de ir contra corriente en el sistema. Ahora la disyuntiva es ver la reacción del Gobierno a estas palabras de Protesta de Pablo contra la censura y la falta de libertades en la isla y más interesante aún que Milanés invita a los intelectuales y músicos residentes allí a que se manifiesten. En *Cubadebate*, canal digital y oficialista del estado cubano, ya indican que cariño no le darán, no se sabe hasta qué punto tomarán represalias contra alguien de su calado y proyección internacional.

Lo curioso de todo esto, es que el Gobierno Cubano debió creer que con la puesta en libertad de los 75, o su destierro, en este mismo año, las protestas de las Damas de Blanco acabarían, pero han creado escuela en la isla, más bien un movimiento de caceroladas protestas que amenaza con multiplicarse, y espero que cada vez sean menos quienes corten las libertades de quienes se manifiestan y salgan en defensa del sistema... Esto sí podría ser un cambio esperanzador que comienza a confluir, si tiene continuidad este grupo que avanza silencioso, como escribió una vez Ernesto H. Busto, la fiesta final no estará lejos, por cierto, intuyo lo que piensa de esto Los aldeanos: ¿qué diría Silvio Rodríguez de todo esto?

Nota: Le debo a Luis Alberto García haberme puesto esta canción por primera vez en La Habana cuando fui a entrevistarlo para la *revista Salsa Cubana:* Gracias. La reencontré un día como *bonus track* en un disco de cantautores que cantan a poetas (Nicolás Guillén y José Martí) que compré en la Feria de Málaga. 2011

Abel Prieto: ¿oscureció la cultura cubana?

Estar quince años en un cargo como ministro de Cultura (desde 1997 hasta 2012) es una aberración que solo sucede en una isla, Cuba, donde un gobierno lleva más de 5o años de poder absoluto. Yo que llevo doce años en España no recuerdo al ministro de Cultura que estaba cuando llegué a este país, sé que han sido varios, tantos o más, que sus gobiernos.

Recuerdo cuando Abel Prieto fue elegido, todos creíamos que habría un cambio en las directrices culturales de la isla, quizás avalado por la imagen de tener el pelo largo, en un país cuya policía siniestra se había dedicado, a cortar el pelo violentamente a aquellos jóvenes "desviados" por influencia del rock y el beat.

Además de la imagen de pelú, Abel era escritor y pregonaba ser lezamiano.

Debió dimitir cuando la policía impidió sistemáticamente el desarrollo natural de grupos de rap a fines de los años noventa, a quienes censuró en la radio y la TV de Cuba, y solo permitió que se escuchasen - y se escuchen- de forma pública, los mensajes más banales de este género.

Debió dimitir cuando en la primavera del 2003 el gobierno cubano encarceló a escritores y periodistas por decir con libertad lo que pensaban y los condenaron a 20 años de prisión.

Debió dimitir, por su incapacidad para hacer reconocer en Cuba, a artistas cubanos residentes en el exilio y de consagrado renombre internacional en la cultura hispana: Celia Cruz, Guillermo Cabrera Infante, Severo Sarduy, Reinaldo Arenas, Zoé Valdés, Gloria y Emilio Estefan,

Paquito de Rivera, Arturo Sandoval, Israel López "Cachao", Bebo Valdés, entre otros muchos...

Eso sí, se ha de reconocer que ha sido capaz de aceptar a muchos músicos y pintores exiliados que han decidido retornar a la isla en los últimos años, siempre que no hagan críticas directas al gobierno cubano como ovejas obedientes, de dientes muy cerrados como cárcel para la lengua.

Abel Prieto no era negro, pero su Ministerio de Cultura ha sido tan oscuro, que un amigo pintor le puso "Misterio de Cultura", más que un ministro fue un soldado que obedeció a las ideas del coma-andante, al decir de Gorki. Abel llegó de la nada y aprendió a flotar por encima de todos los trajes verdes pasando de un Castro a otro, su mayor virtud.

Prieto, -ta

adj. Díc. del color muy oscuro, que casi no se distingue del negro.

Apretado.

fig. Mísero, mezquino.

Diccionario Enciclopédico Vox 1. © 2009 Larousse Editorial, S.L. 2012

Película Memorias del Desarrollo. Vista en la Muestra de Cine Independiente Cubano de BCN

Miguel Coyula

No engaño a nadie si digo que tengo un ego como una casa. En España se dice, "no tienes abuela, o no te hace falta abuela"; eso es cierto, pero estoy convencido de que no soy el único cubano que se ha sentido el protagonista de la película *Memorias del Subdesarrollo* (1968), de Tomas Gutierrez Alea (Titón) mientras vivió en Cuba, y él otro Sergio de *Memorias del Desarrollo* (2010) de Miguel Coyula. Aunque él de Coyula vive en el exilio, en New York, este define a muchos emigrantes que han abandonado su país cuya cultura eran las bases de su dinamismo creativo. Si a esto unes que él protagonista no ha vuelto a Cuba, Sergio es mi metáfora, o en la metáfora que te conviertes cuando pasas más de diez años fuera de tu país sin volver, donde la distancia te da un valor añadido a la mirada sobre el

173

que fue tu país, y ahora sólo tienes la imagen que te dan los medios y algún viajero accidental.

"Memorias del Desarrollo se estrenó en el festival de *Sundance* del 2010 y luego obtuvo varios premios en festivales internacionales. La Guía de Cine Internacional la eligió como la mejor película cubana del año, y la describe como una de las mejores películas cubanas de todos los tiempos." Lo último siempre es un criterio arriesgado, no obstante, a mí me gustó mucho más que la mayoría del cine oficial y mediocre que se ha instalado en ese país en los últimos años. Donde el tratamiento de la sociedad cubana actual pasa por los mismos tópicos, de las jineteras mulatas, los extranjeros, la escasez, la música -siempre la misma- es un patrón común. Coyula busca hacer un resumen histórico de la decadencia de un país de forma velada y sublime.

Miguel Coyula.

Lo sorprendente de esta extraña continuidad cinematográfica, es el hilo conductor de la misma. Ambas, a pesar de estar separarlas por más de cuarenta años tienen como telón escenográfico nada menos que un país, Cuba donde aún permanece la misma falta de libertades individuales desde que tocaban los Beatles hasta el último disco de Gloria Estefan publicado hace unos días.

Si cuando él Sergio de Titón vivía en La Habana Fidel Castro comenzaba su andadura de represión de libertades censurando a Guillermo Cabrera Infante por defender la película doc. *PM* (estilo Free cinema 1961) con él Sergio de Coyula, el hermano menor, Raúl Castro, se cargó *El Festival de Rotilla* en el 2010, sólo por actuar de forma diferente e independiente del Ministerio de Cultura.

Si Titón usa influencias cinematográficas europeas, francesas e italianas de los sesenta, Coyula se actualiza e introduce elementos postmodernos con recortes animados, documentales reales o de ficción, repetición de secuencias, una especie de barroquismo muy inteligente para dar

174

margen a contar el fracaso de tantos años clavados en un mismo des lugar por parte de la revolución cubana.

Llama la atención de *Memorias del Desarrollo*, es que su Sergio tiene claro que no podrá vivir más en su país, no obstante, no acaba de penar sus culpas por la nostalgia que le genera su país de origen. Tiene un desarraigo innato no por las carencias del lugar donde ha elegido vivir, sino por la incapacidad de sí mismo para borrar un pasado que le pesa demasiado.

A pesar de ser profesor universitario no se integra en la sociedad, flota por ella, la observa como quien mira el *Paradiso* imperfecto de todas las sociedades, pero no entra en él. He conocido en París, La Habana, Madrid, New York exiliados con esta visión crítica, muy crítica de la sociedad en que viven, y siempre me pregunto, si es para mantener el *Paradiso* de su país intacto o para no integrarse del todo y perder los recuerdos.

A Sergio de Titón le decomisan todas las propiedades y a pesar de librarse de una clase media alta, que incluía a su mujer y todo su entorno a los cuales consideraba directamente idiotas, no se siente muy seguro a nivel social, pues "la plebe, el populacho, y la ideología marxista" no sólo se hizo con las riendas del país, sino que liquidó las libertades personales, dejando muy inseguros a quienes reclamaban libertades esenciales.

Sergio de Coyula, lo define mejor que yo, él filósofo Zygmunt Bauman en su libro "Miedos líquidos"...

"Los que vivimos en la parte más desarrollada del mundo, somos, objetivamente las personas más seguras de la historia de la humanidad. Esa seguridad en los modos de vida, libertades democráticas, confort, bienestar, alimentación, seguridad social, es el "llamado efecto llamada" hacia quienes viven en sociedades dictatoriales y con carencias típicas de países pobres. (...)

Los miedos nos impulsan a emprender medidas defensivas, y las medidas defensivas dan un aura de inmediatez, tangibilidad y credibilidad a las amenazas reales o putativas de las que los miedos presumibles emanaban. Sentirse abandonado en un país extranjero, inseguro de qué dirección tomar y sabiendo que nadie le ayudará a evitar un error no compartirá con usted la responsabilidad por las consecuencias es -una experiencia espantosa. La libertad sin seguridad no es una sensación menos terrible y desalentadora que la seguridad sin libertad. Ambas son situaciones cargadas de amenazas y miedos; constituyen una especie de remedo de la alternativa entre el fuego y las llamas."

Quizás lo único que me pareció extraño en toda la película fue el uso de canciones de Bola de Nieve, de quien soy un admirador confeso, pero en la banda sonora de esta película me sonó demasiado desfasado, no sabría explicarlo, hay música y músicos compositores cubanos a pasto desde Gonzalo Rubalcaba, hasta Habana Abierta, pasando por Interactivo y regresando a Quesada o Xiomara Laugart o volviendo a Danay Suárez con textos y voces extraordinarias como para seguir varados en los años sesenta para diseñar bandas sonoras y sobre todo la última canción que se queda como imagen sonora de la peli, no obstante, es respetable su decisión.

En fin, si yo no hubiese visto esta película hace unos días en la Muestra de Cine Independiente Cubano de Barcelona, no estaría tranquilo si me gusta el cine diferente, de autor.

2013.

El mejor performance de Tania Bruguera no es "Yo también exijo"

"Yo también exijo" no ha sido el mejor performance de Tania Bruguera. El mejor lo hizo en agosto de 1994 de forma anónima con sólo dos espectadores. Con el escritor sevillano Fidel Moreno y yo en La Habana Vieja. Corriendo ante la policía y los grupos represivos de Blas Roca junto a nosotros y gritando ¡abajo Fidel! Tengo fotos de este evento que publicaré si ella quiere. Han pasado 20 años y las redes sociales han cambiado aquel anonimato de Bruguera por otro impacto en redes descomunal tras su #Cuba# "YoTambiénExijo."

Allí en 1994. No había, redes sociales y ella no tuvo miedo en acompañarnos con su cámara y seguir por toda La Habana Vieja y Centro Habana los sucesos de rebelión que ella y yo como vecinos de Tejadillo y Empedrado vivimos en nuestra piel y en primera persona. Ambos empezábamos nuestra carrera como artistas, ella con sus múltiples ideas para performances y con Ana Mendieta como ídolo o karma personal y yo publicando en varias revistas... Ambos nos conocíamos del Vedado donde ella y yo nacimos y vivíamos con amigos comunes.

Recuerdo cuando el editor Radamés Molina y yo fuimos a su casa y advertimos que era el edificio donde vivía el personaje de la película "Memorias del Subdesarrollo," desde su balcón él miraba con un telescopio el malecón y la realidad de La Habana. La mirada de Tania está influida por eso, seguro.

Está claro que apoyo su iniciativa no por haber sido mi amiga (hace años no nos vemos), sino porque creo que es honesta, aunque tenga de ingenua y de mediática lo justo.

Ahora llevo días escribiendo como Blogger e historiador que no creo que una dictadura se renueve con sus gobernantes en el poder. Ella también lo sabe. Mucho menos el Castrismo de Estado. No hay ni un solo ejemplo de dictadores de izquierdas o derechas que cambiarán sus políticas radicalmente por iniciativa propia. Hay que ser ingenuo para creer esto. Creo que Tania Bruguera sabía de su fracaso antes de intentar hacerlo. También sabía del impacto mediático que tendría intentarlo y frustrarse contra el muro del totalitarismo de Castro, no obstante, dejar al descubierto sus uñas y el ladrido de la dictadura represiva que ellos representan en pleno "babeo mediático de cambios en Cuba-EEUU es un buen resultado de ese fracaso."

Decir que lo hizo por fama es una ingenuidad, pues ella ha hecho performance y conferencias por medio mundo occidental desde los noventa. En los museos más importantes desde Londres a New York.

Decir que lo hizo por ser hija de un embajador cubano, también es cierto, pero se derrumba con otra idea ¿Dónde están los hijos de tantos embajadores y militares de alto rango en 53 años?
Quizás Tania Bruguera logró este impacto con ayuda -incluso- de los que estaban en su contra. Y así desvelar la falsedad de los cambios en Cuba. Espero que su detención sea leve, la de ella y la de Rodiles y Ailer que quiero a morir, especialmente, juntos con los demás que sin conocer los apoyo.
Espero que ya esté pensando -en el sucio calabozo que la tengan con olor a orine rancio /castro- en un nuevo performance al salir. Espero que en el 2015 nadie tenga que poner micrófonos en esa Plaza Cívica. Que haya wifi y yo pueda conectarme con mis amigos como hago con los de New York, Brasil o París, y poder decirle Tania, estas loca como hace 20 años, no envejeces... ¡bella! un beso... 2014.

Barcelona arropa el documental "Gusano" en el Barrio de Gràcia

Grupo que participo en el evento sobre los derechos humanos
en diciembre 2013 en La Habana

La proyección del documental "GUSANO" hecho por
Estado de Sats, Ciudad de. la Habana 2013-2014-, ha sido
organizado por el periodista Joan Antoni Guerrero Vall, en
el carrer Gran de Gracia, 190-192, Barrio de Gracia, 18:00.
No sé si Vall lo tuvo en cuenta, pero ese viernes, era
viernes de Dolores, el comienzo oficial de la Semana Santa
en Sevilla, es un día que comienza la penitencia por el
dolor. Y el documental Gusano, duele.
Este film desvela la entusiasta represión con intimidación
en forma de acto de repudio orquestada por la Seguridad
del Estado, que sufrieron un grupo de cubanos que
deseaba debatir sobre los derechos humanos en Cuba en
diciembre del 2013, sin esconderse. Tras la visión hubo
charla y debate con los protagonistas Antonio G. Rodiles y
el músico Boris Larramendi, organizador y participante en
el encuentro habanero.

Hoy ser "gusano" en el exilio da caché, muchos que nunca
fueron opositores y que le dieron la espalda en Cuba a sus
amigos escritores o artistas o ciudadanos normales que se

convirtieron en anticastristas allí, ahora son ultracontracastros, bienvenidos todos, mientras más mejor. No obstante, merecen una distinción clara y aparte otros que no les importa, viviendo en Cuba, ser señalados y vigilados por el aparato represivo de la seguridad del Estado Castrista, como "gusano." Eso es un problema para la convivencia personal de cualquier ciudadano, tienes que estar listo para entrar en la cárcel de forma violenta en cualquier momento; tienes que tener el cuerpo preparado para el dolor, vives un stress permanente, y sabes que no será sencillo, incluso puede que sepas que jamás lograrás la libertad que quieres para otros. Pues el paso de ser " gusano" viviendo allí ya te hace libre, eso lo sabe el castrismo y les da pavor que muchos logren esto. Exponer tu "gusanera" públicamente en las redes sociales y en actos privados en tu casa como lo hace Estado de Sats, es intentar que otros lo sean, y ese altruismo de querer para otros la libertad de conciencia que tú has ganado me estremece de esta generación de jóvenes opositores activos cubanos liderados por Rodiles. Eso es lo que te cuenta Estado de Sats en este documental que tiene más de 311 000 visitas en YouTube.

De paso se denuncia la grosera manipulación que hacen de los adolescentes y los niños cubanos que llevan a gritar contra de unos seres que ni conocen ni saben quiénes son. Creo que es de las formas más aberrantes de manipulación que ya sufrimos cuando teníamos esas edades y la realidad es que todo sigue igual, o peor.

Merece una mención aparte la valentía de un tipo especial de gusano nueva. El gusano que se ha ido del país, regresa a Cuba, es músico y conocido en los ambientes musicales cubanos, español y de Miami, tras formar parte durante casi veinte años de 13 y 8, Habana Oculta, Habana Abierta y hoy simplemente es Boris Larramendi, el compositor y cantante legitimado por Willy Chirino que canta canciones suyas o el fallecido Bebo Valdés con quien hizo dueto en un tema también suyo.

Decía, este tipo de gusano Larramendi, regresó a Cuba en diciembre, no a llenarse los bolsillos de CUC o dólares, ni a aplaudir al gobierno cubano y coger sol del Caribe como otros de su generación y que él también le pertenece como a todos. No, regresó a cantar en un evento sobre Derechos Humanos donde se debatían la falta de derechos en Cuba. Y estuvo como todos los de la foto superior acosado y acusados por el aparato represivo del gobierno cubano. Por ser nueva, me encantaría que esta especie se reproduzca pronto dentro de la isla, hay demasiados músicos de referencia tomando el sol ganando el dinero que se merecen por su talento, pero mirando hacia otro lado la represión y la falta de libertades a esa gente que les cantan.

Si yo estuviera en Barcelona no me perdería ver de cerca a estos seres para comprobar que son reales, existen, respiran y sobre todo... No tienen miedo de ser GUSANOS... Y no vivo en Barcelona y desconozco este video lo miraría en YouTube.

De todo lo escrito sobre documental GUSANO, yo me quedo con los versos de mi amigo Alexis Romay que no descansa desde New York ...

Pequeña serenata diurna
Gusana será tu abuela,
si la tienes, malparido.
Eres hijo del olvido,
primo de la varicela…
y eso deja su secuela:
donde hay videntes, ves tuertos,
y, en la represión, aciertos.
Canta la loa al tirano,
mas no olvides que el gusano
se ensañará con tus muertos.
Alexis Romay.

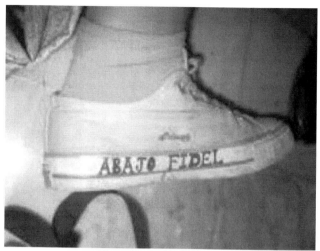

Zapatilla de Lía Villares

Nota: La Blogger activista opositora y artista disidente Lía Villares -la del centro de la foto con los brazos cruzados- ha sido detenida hace unos días en La Habana y llevada a la estación policial de Zapata y C, en plaza de la Revolución, Ciudad de la Habana, ya ha sido liberada, pero el acoso a estos jóvenes que residen en Cuba es permanente.

Abril del 2014

En los ochenta pensábamos que decir: Abajo Fidel, cambiaba las cosas. *Arturo Cuenca, Heberto Padilla, Carlos Varela, Yoani Sánchez, los Santos Inocentes*

Arturo Cuenca, Aldo Menendez, Carlos Varela, Yoani Sánchez

Science & Ideology de Arturo Cuenca en el Castillo de la Fuerza en los años ochenta habaneros, aumentó con creces mi grado de inocencia pensando que las cosas cambiarían tras sucesos como ése. Allí, Cuenca, y creo recordar que Humberto Castro, el primero con un traje estrafalario hacía su performance mientras, el segundo leía un texto que reflexionaba con dureza sobre la ideologización del sistema totalitario, entre otras frases clamaba "fin de la ideología es el fin de la historia". Aldito Menéndez hizo un cuadro en el que aparecía la frase inconclusa, Reviva la Revolu…, y a muchos nos pareció el colmo de la rebeldía, hubo otras acciones "antisistemas" en artes plásticas como cuando Arte Calle, expresaba: Arte o Muerte, no hay nada, ¡Venceremos!; y hasta un artista plástico cagó literalmente en otra Expo que le costó la cárcel durante varios meses. A estas manifestaciones de retroalimentación de inocencia "hacia la libertad", se sumaron los cantautores, quienes a su manera también comenzaron a expresar con canciones propias y ajenas su desconcierto por vivir bajo una dictadura que en lo social y político se había enquistado en estalinismo y represión, Santiago Feliú en varios conciertos interpretó: "La censura no existe, mi amor" de Baglietto; Adrián Morales, en su faceta de cantautor, gritó contra la policía en un Festival de la Nueva Trova en el parque Almendares y fue detenido por los propios policías; y Pedro Luis Ferrer despertó de la guaracha prosistema a la crítica antisistema. Sin duda, quien convirtió en éxito este malestar, captando el resentimiento de una nueva generación fue Carlos Varela, tras cuidadas metáforas como la de Guillermo Tell, que aparentaban una ruptura clara con el establishment. Desde la distancia y la experiencia, las metáforas no hacen mella en aquel sistema.

De todo aquello han pasado ya más de veinte años, y los santos inocentes que comenzaban a escribir o a componer en esa época, nos cansamos de esperar los cambios en el país y salimos a buscarlos en cualquier parte del mundo. Lo verdaderamente grotesco es que éramos ingenuos por desmemoriados, pues desde los años sesenta las cuotas de expresión de libertad que ha racionado la Revolución, han sido muy pocas, sirva de ejemplo Heberto Padilla, un poeta que, por un libro, Fuera de Juego, Premio Casa de las Américas, generó una reacción inequívoca y dura del Gobierno contra él provocando el pánico en círculos intelectuales que osaran desafinar con la Revolución. En los ochenta, le tocó a Reinaldo Arenas, que fue pasto de los mismos cerdos políticos de la cultura...

Hoy Yoani Sánchez; la voz crítica más visible contra el sistema, se ilusiona con otro performance, esta vez de Tania Bruguera. El performance consistió, según narra Yoani, en instalar dos micrófonos para que la gente dijera todo lo que quisiera. Si es así, me asombra más, pues al menos entre la caída del Muro y el maleconazo de 1994, el artista tomaba partido, pero esta vez, la responsabilidad de criticar pasa del artista al público.

La esperanza es el mejor alimento para los inocentes un día como hoy... Con un Gobierno que pasa de los cincuenta años... El poema *En tiempos difíciles* de Padilla debería ser un himno:

A aquel hombre le pidieron su tiempo
para que lo juntara al tiempo de la Historia.
Le pidieron las manos,
porque para una época difícil
nada hay mejor que un par de buenas manos.
Le pidieron los ojos
que alguna vez tuvieron lágrimas
para que no contemplara el lado claro
(especialmente el lado claro de la vida)
porque para el horror basta un ojo de asombro.
Le pidieron sus labios
resecos y cuarteados para afirmar,
para erigir, con cada afirmación, un sueño
(el-alto-sueño);
le pidieron las piernas,

duras y nudosas,
(sus viejas piernas andariegas)
porque en tiempos difíciles
¿algo hay mejor que un par de piernas
para la construcción o la trinchera?
Le pidieron el bosque que lo nutrió de niño,
con su árbol obediente.
Le pidieron el pecho, el corazón, los hombros.
Le dijeron
que eso era estrictamente necesario.
Le explicaron después
que toda esta donación resultaría inútil
sin entregar la lengua,
porque en tiempos difíciles
nada es tan útil para atajar el odio o la mentira.
Y finalmente le rogaron
que, por favor, echase a andar,
porque en tiempos difíciles
ésta es, sin duda, la prueba decisiva.
Libro "Fuera de Juego" 1968. Heberto Padilla
2014.

Descifrando B.S.O. del documental P.M.
Documental que inició la represión contra la disidencia artística en Cuba a nivel de Estado con *Palabras a los Intelectuales* de Fidel Castro

Guillermo Cabrera Infante, Orlando Jiménez Leal,
y Saba Cabrera Infante, publicada en Revista Leer,
Jul-agosto 2011

Deseo y no ordeno, que quienes lean este texto vean (si no lo han hecho ya) el documental en blanco y negro P.M., en YouTube, de Saba Cabrera Infante y Orlando Jiménez Leal, hecho en la Habana en 1961, solo les llevará 13: 38 minutos ver y escuchar un clásico del cine cubano filmado al estilo free cinema, que cumplió 54 años en enero.
Vean la maravillosa luz de la noche reflejada en la bahía de La Habana cuando llega la lanchita de regla al muelle de Luz, que escuchen el maravilloso bolero-son que abre la

banda sonora ambientado en las conversaciones alti-bajas de los habaneros con su seseo y ruido, pero mientras estén escuchando, vean como esa increíble negra -con un culo bestial bajo un vestido blanco-, baila su bolero-son con un vaso de cerveza a punto de derramarse y el blanco que la acompaña intenta que no se le caiga y entre tumbaos y cintura la escena con cámara en mano, es de una solución dramática exquisita pues la cerveza se convierte en la metáfora del mar que todo lo gobierna en esa isla, incluso a la música. Luego detengan el pause, y al rato escuchen el danzón Las Alturas de Simpson, del matancero Miguel Faílde, que toca otro negro maravilloso y tumbador con una sola tumbadora silbado la melodía con su boca hecha una flauta, hace de este clásico danzón cubano, una versión admirable solo con una tumbadora y sus labios. Luego, como no podía ser de otra manera, suena una rumba con elementos de guaguancó, que la bailan todos incluido un homosexual que se desmelena, señoras mayores y jóvenes que pasaban por allí, la rumba deriva en un delirio orgiástico donde nadie se salva de menearse. Tras la rumba, aparece el Chori, lo que nos indica que estamos, no ya en la avenida del puerto de la Habana, sino en los aledaños a las playas de Marianao, pero otro lugar que completaba la otra noche habanera de dispersión de los años cincuenta. Es posiblemente, que sea la primera vez donde aparece en una peli cubana el Chori, que era un Showman cubano que tocaba todos los ritmos de la isla con botellas, sartenes, cajones, o sea, un precursor del reciclaje musical tan de moda en varios grupos europeos en la actualidad. Por su espectáculo pasaron estrellas rutilantes al nivel de: Agustín Lara, Cab Calloway, Gary Cooper, Toña la Negra, Berta Singerman, Errol Flynn, Ernest Hemingway, María Félix, Imperio Argentina, Josephine Baker, Pedro Vargas, Marlon Brando. Y de

Cuba: El Benny Moré, Barbarito Diez, Ernesto Lecuona, Juana Bacallao, Celeste Mendoza, La Lupe, Rita Montaner y todos los que llegaban curiosos por aquellos cuartuchos tan llamativos cuando el periodista Dreau Pearson, columnista del New York Times, quien publicó una crónica donde decía que "El turista que visite La Habana y no llegue hasta la Playa de Marianao para ver al Chori, no conoce La Habana". En PM el Chori hace un fragmento de Pensamiento, una canción de la trova tradicional cubana. Para el final, se escucha a Vicentico Valdez en una vitrola. Ya nadie baila, la gente conversa el último trago antes de irse a casa. Y se vuelve a ver la lancha de Regla en sentido inverso.

Se sabe bastante de lo ocurrió con el documental PM. Fue censurado, y sirvió como pretexto a los jóvenes revolucionarios liderados por Castro para sacar la vieja doctrina de lo peor del *estalinismo* con esa frase lapidaria del máximo líder verde, con la *revolu-todo, contra ella nada.* En el mes de mayo 2011, pasaron P.M. de forma oficial en Cuba junto un documental de muy baja calidad de Rogelio París, o sea, levantaron la censura tras 50 años. El hermano de Saba, o sea, Guillermo Cabrera Infante, quien terminó su carrera intelectual en Cuba por defender esta película terminó escribiendo una obra maestra de la literatura hispana: Tres Tristes Tigres, que nos descubre los ecos de la noche habanera de los cincuenta que describe el documental, la novela tampoco ha sido publicada en Cuba, o quien sabe, si tras el levantamiento de los cadáveres exquisitos de la cultura cubana por el gobierno levanten esta novela. Yo sugiero que la impriman, y pongan un DVD con la peli dentro, sería excelente.

Danilo Maldonado El Sexto de nuevo preso por escribir Se Fue. Tras la muerte de Fidel Castro

"El grafitero disidente cubano Danilo Maldonado, conocido como «El Sexto», permanece detenido, en una comisaría de policía de La Habana desde el pasado sábado 26 de noviembre, por un grafiti que realizó tras anunciarse la muerte de Fidel Castro, confirmó hoy a Efe, su madre, María Victoria Machado."

La urna de Castro anda dando vueltas por las calles maltrechas de la isla de Cuba para que "los cubanos" le rindan culto. Aun así, las estructuras del sistema político de censura siguen intacta. Hecho cenizas sigue el daño. Espero y deseo que se quede en la anécdota y Danilo salga ya a darnos su crónica personal de cómo está La Habana.

191

Estoy loco por preguntarle a Danilo por qué escribió "Se Fue." ¿En qué estaba pensando? ... En la canción de Laura Pausini, o en la canción del activista "revolucionario" Raúl Torres...

Aunque lo versos de Raúl Torres los descarto desde ya...
"Se fue,
se fue
y no se llevó mis besos
y estas son las santas horas que no sé
por los aires que voló."

Creo que estos versos de Laura Pausini se ajustan perfectamente a Danilo y su relación con las "cenizas verdes"...

Encadenada a noches de locura,
Hasta a la cárcel yo iría con él,
Toda una vida no basta, sin él.
En mi verano ya no sale el sol,
Con su tormenta, todo destruyó,
Rompiendo en mil pedazos
esos sueños que construimos, ayer.
Se fue,
Se fue, me quedó solo su veneno. 2016

Oscar Sánchez canta *El Huevo* (En Boca Cerrada feat Carmona FCO)

Hay gente que son pobres y no comen huevos.
Con la claria/ no comen huevos
y picadillo/ no comen huevos.
¡TU NO COMES HUEVOS!!!!!
Inconformidad con tu plan alimenticio
tú diario deseo masticatorio
cuidado con lo que deseas que primero es realidad
y después prisión....
frag de la canción *"Huevos"*

Este chico me encanta. Tiene la creatividad irreverente de mi amigo Boris Larramendi, ex Habana Oculta y Habana Abierta. Esa forma de tocar la marímbula es gloriosa. Casi hace Funky más que sincopa cubana. Aunque la esencia es *nengón y changüí.*
Oscar es una luz nueva sonora en Cuba que hay que seguir de muy cerca su evolución. Sus credenciales son excelentes. Gracias Sofia Arango por enseñármelo. Oscar es un músico independiente que estudió en la ENA. Aunque nació en Holguín se presenta en varios locales de La Habana.
Su denuncia de las carencias, más que carencias, hambre en Cuba son muy evidentes, y su manera de decir muy claro, *cuidado con lo que deseas, (…) y después prisión.*
Alude directamente a la represión por decir lo que se piensas en ese país tras sesenta años.   2018

Alcides un poeta agradecido como un perro[7]

Muchos jóvenes disidentes cubanos en estos días posteriores a la muerte del poeta Rafael Alcides, muestran con orgullo su relación y defensa de un poeta que se opuso a los Castro en un momento vital de su poética y la existencia de ese país.

Yo a este Alcides, no lo conocí. Yo conocí Alcides en 1989, cuando publicó su libro *Y SE VUELVEN Y MUEREN Y SE VUELVE*, antes había leído de él *Agradecido como un perro.*

Fui a su lanzamiento en Letras Cubanas y quedé maravillado de su poesía coloquial que yo detestaba en casi todos los poetas de su generación, -siempre fui y soy Lezamiano hasta la médula- pero Alcides tenía un plus de creatividad que a pesar de carecer del cultismo Lezamiano tenía algo muy fascinante que Ernesto Santana y Ramón Fernandez Larrea supieron inculcarme de este poeta que no era de *Orígenes.* No solo soy lezamiano sino que aspiraba de joven a ser o pertenecer a un taller renacentista de la cultura similar al que consiguió Lezama y su grupo. Gracias a él, Alcides, redescubrí algunos poetas coloquiales de su generación y posterior que jamás me habían interesado. Su texto *Discurso sobre el dedo gordo del pie,* es realmente iluminador.

---

[7] Poeta y narrador Rafael Alcides Pérez. Natural de Barrancas, Bayamo, antigua provincia de Oriente, Alcides cursó sus estudios primarios en Bayamo y el bachillerato en Holguín y en un colegio religioso de La Habana. Luego hizo estudios de Química Industrial en la Escuela de Artes y Oficios de La Habana. Ha colaborado con numerosas revistas cubanas y ha dirigido y escrito programas para la radio.

Rafael Alcides está ligado a mi vida para siempre pues fue suyo, el primer libro que le regalé a la madre de mi hija en Cuba. Sus poemas son parte de lo que soy y seré.
Luego, en Barcelona y gracias a otro poeta Ernesto H. Busto conocí a su mujer, a quien desde el primer segundo comencé a querer. Ella me leía desde Cuba y yo a ella: Regina Coyula. Pero nuestra empatía y su curiosidad por dejarme enseñarle esta ciudad, Barcelona, nos iluminó en una relación ahora virtual pero verdadera.

Toda mi vida ha sido un desastre
del que no me arrepiento.
La falta de niñez me hizo hombre
y el amor me sostiene.
La cárcel, el hambre, todo;
todo eso me ha estado muy bien: las puñaladas en la noche, y el
padre desconocido.
Y así de lo que no tuve
nace esto que soy:
bien poca cosa, es verdad,
pero enorme,
agradecido como un perro.

Rafael Alcides nació en 1933. Murió en junio de 2018. Este post es un leve homenaje a su viuda y amiga Regina Coyula que estimo maravillosamente.

Carta viral de una cubana *Al Gobierno de Cuba* sobre el Avión de Cubana donde murieron más de 113 cubanos

La actriz cubana Rebeca Proenza autora de la misiva, la tengo de amiga en Facebook, y ha escrito esta carta maravillosa que se hizo viral y fue publicada por varios medios digitales. Es de un sentido común que estremece. Lee hasta el final.

A todos los cubanos:

Cuando la muerte llega así: en masas. Sin importar edad. Sin esperarse. Sin buscarla... estremece al mundo. ¿A dónde van los que se fueron? Todos creemos que, a un mejor sitio, pero nunca nadie ha regresado para contarlo... Los que nos quedamos... los que sufrimos la ausencia y el dolor ... hemos leído esto:
"Cuba no buscará culpables con respecto al accidente aéreo. El gobierno de Cuba está interesado en conocer las causas para evitar otros accidentes en el futuro, pero no en identificar, ni en procesar legalmente a los culpables."

Al Gobierno de Cuba:
Cuba es un país donde se persigue y procesa a los vendedores de caramelos en las esquinas. Donde se pagan 25 años de cárcel por vender carne roja. (No creo que vaya a ser verdad el viejo dicho que una vaca vale más que una persona. En este caso más que 113 personas a bordo de ese vuelo)
Yo sé de gente que ha ido preso por pintar en una pared un dibujo que no te gusta...Y por hacer el amor con un extranjero, aunque no sea puta, y por vender leche en polvo...y por todo lo que tú ya sabes...
¿Cómo es posible que un país que persigue lo ridículo no esté interesado en procesar el desastre más grande en la aviación de los últimos tiempos?
A los familiares:

Nada de lo que hagan va a devolverle la vida a los que ya no están. Ni repara las de los que se quedan sin ellos... pero no se puede ver pisotear a la justicia de tal modo y quedarse de espectadores.

Yo he visto las imágenes de madres llorando a sus hijos y de niños que quedaron sin madres, y he llorado junto a ellos y he rezado junto a ellos.... creo que todos los cubanos nos unimos en dolor a pesar de todo y por eso amo a mi gente....

pero he visto también, en medio del dolor, su miedo a hablar y a reclamar. He visto entrevistas de los familiares donde agradecen a la Revolución por ponerle transporte para ir a identificar a los muertos. He visto agradecer a todos: CDR, FMC y a cuánta institución exista en Cuba por el apoyo prestado. Y permítanme decirles algo a todos ustedes: este no es el momento de actuar como marionetas de un discurso ya preparado. El que nos enseñan a decir desde pequeños. No se agradece nada cuando se habla de muerte y dolor. Cuando el corazón duele hay que hablar con el corazón y hay que exigir derechos.

Esto no es un desastre natural ni es una obra De Dios. esto es un error humano y ustedes merecen ver a los que cometieron el error pagar por eso. Los que no cuidaron la vida de todos los que murieron y de los miles que volaron antes en un avión, que se sabía no era recomendable para volar.

Cuba es un país donde no hay posibilidad de elección propia. Tiene una sola aerolínea y una sola compañía que provee un único servicio. En otras partes del mundo se conoce como monopolio, allá es rutina... pero ¿cómo saber que es seguro volar en el futuro? No creo que se garantice. La Paz sin saber que los culpables ya no forman parte de esa compañía y sin ponerle nombre a los errores.

Y a una contradicción me remito. Cuba no está interesada en encontrar culpables, pero en las primeras declaraciones se mencionó al bloqueo como uno de los culpables.

Tú mismo, Gobierno de Cuba, utilizaste la palabra culpable desde el principio, no la saques ahora del juego.

Yo crecí en Cuba donde todo es culpa del bloqueo, pero en este caso hay algo de verdad. El bloqueo no permite a cuba comprar aviones con más de 10 % partes americanas y eso es

197

extremadamente difícil, considerando que Estados Unidos es una de las grandes potencias del mundo y que las otras potencias, aliadas de Estados Unidos no hacen negocio con sus enemigos. Entiendo que es difícil la situación de la aérea náutica en Cuba y aplaudo la previa decisión tomada de suspenderse los vuelos nacionales por mal funcionamiento de los aviones... Pero las decisiones que vinieron después, las de rentar aviones en malas condiciones, las de no cumplir los protocolos de seguridad y las otras que se sabrán a medida que la investigación avance, fueron errores que pudieron haberse evitado.

En una isla donde se puede ir de un lado a otro en 20 horas, yo hubiese puesto la vida de los cubanos como una prioridad y hubiese preferido el transporte por tierra.

Rebeca Proenza. Vive en Los Ángeles.
Es actriz trabajó en la peli *7 días en La Habana*.

Si me dices que un vuelo de una hora y media es igual que jugar a la ruleta rusa con una pistola, no sabes si quedas vivo, prefiero irme a pie antes que arriesgarme de tal modo.

.... Pero a nadie se le dio la posibilidad de elegir ni se le dio la información de las malas condiciones del avión.

Una vez más. La confianza ciega en el gobierno de un país fue lo que llevó a los cubanos a morir.

Estamos acostumbrados a confiar nuestras vidas y decisiones a los gobernantes porque nunca se nos pregunta nada, pero se nos olvida a todos que los que gobiernan son humanos, que cometen errores o cometen actos con maldad, y por cualquiera de los dos deberían pagar caro.

Los de arriba no son intocables.

.... Y si hablamos de régimen y superioridad me dirijo a los creyentes, cuantas veces has dicho como Dios ya no aguanto ni una más, ¿no estas oyendo mis rezos? ¿O has tirado tres Carajos a cuanto Santo exista porque cada día te va peor? He visto a la gente molestarse con "Dios" pero no con los Gobernantes de Cuba.

Y lo digo con pena, yo soy de las que me fui sin hacer nada, yo soy de las cobardes que se agarró de una mejor vida y salió huyendo del monstruo porque no supe como pelearlo... pero hoy no hablo de hacer una revolución ni de quitarle el poder totalitario a los que lo tienen, ni de gritar abajo nadie en las calles... hoy hablo de dolor y de los que lo causan.

Los Tribunales en Cuba procesan a los que matan, violan, secuestran o cualquier otra ilegalidad... igual deberían procesar a los que son responsables de esto.

Si los investigadores en Cuba estarían para buscar causas y no culpables puedo decirte ahora mismo que:

...el que pinta grafitis en la pared es porque está en contra de tu gobierno.

La que se acuesta con extranjeros es tal vez por amor o por falta de dinero.

Los que venden caramelos en las esquinas es por darle de comer a sus familiares y porque no tienen otro trabajo.

Los que venden leche en polvo es porque nacieron pobres, pero con acceso a leche; y los que la compran es porque tienen hijos que necesitaban calcio.

Aún peor....

El que mató a mi vecina es porque la agarro con otro.

El que violador lo hizo porque quería sexo....

...y el que tiró la piedra fue porque estaba cansado de tanta injusticia.

Ya te he dado todas las causas y así puedes prevenir que no se repita en el futuro. Ahora suéltalos a todos ellos. Déjalos libres y confiemos en que nunca más lo harán. Vivamos todos en la sociedad con los asesinos, ladrones y violadores... igual que con los criminales de menor escala, y que nadie proteste... porque eso mismo es lo que nos estás pidiendo que hagamos.

Vivamos todos con el mismo dirigente de transporte que aprobó la muerte de los cientos que cayeron y vivamos todos con el mismo gobierno que se esconde ante las injusticias.

No se queden callados esta vez... No acepten que les maten los hijos, los amigos, los vecinos, las madres.... sin que pague nadie. ¡Por favor, hagan algo!

Hagan algo todos, los músicos, los periodistas, los médicos, los taxistas, los estudiantes, los profesores.... si alguno de ustedes empieza, otros seguirán.

No comenten en las esquinas por debajo de la mesa. Pongan sus ideas al viento.

Quien preside es uno solo. Ustedes son millones. ¡Si se paran todos al mismo tiempo no los detiene nadie!

...Y hasta que no hagamos algo, seguiremos estando en la lista de los PRÓXIMOS.

Todos somos los siguientes. Las futuras víctimas de un desastre que quedará impune. Todo lo que hayas hecho en la vida será en vano... te vas y no te paga nadie.

Rebeca Proenza.

Nota

Cuando la muerte llega así: en masas. Sin importar edad. Sin esperarse. Sin buscarla... estremece al mundo. ¿A dónde van los que se fueron? Todos creemos que, a un mejor sitio, pero nunca nadie ha regresado para contarlo...

Los que nos quedamos... los que sufrimos la ausencia y el dolor ... hemos leído esto:

Cuba no buscará culpables con respecto al accidente aéreo. El gobierno de Cuba está interesado en conocer las causas para evitar otros accidentes en el futuro, pero no en identificar, ni en procesar legalmente a los culpables. 2018

Katherine Bisquet Rodriguez poeta y pechos con mensaje #yonovoto

"La escritora cubana y poeta Katherine Bisquet Rodríguez denunció, a través de sus redes sociales, que fue agredida hoy en una lectura de poesía en el Pabellón Cuba, donde se está celebrando la Feria del Libro, por expresarse libremente a favor del NO en el referéndum constitucional de Cuba, verbal y gráficamente con una camiseta"
Mi absoluto y total apoyo.

Katherine Bisquet Rodriguez, muestra sus pechos desde La Habana con un mensaje...
La Habana desde que la abandoné hace 20 años es una ciudad hoy disimulada en mi memoria entre París,

Barcelona, Niza Sevilla, Berlín, Múnich, Lisboa y otras
muchas... donde viajo para alimentar mi blog y quizás
para que me duela menos haber perdido mi ciudad natal.
No he vuelto para comprobar si la sigo amando. Pero los
pechos de Katherine me dicen algo.
#YONOVOTO
Me recuerda a mí. Poeta como ella luchando con ese color
verde dinosaurio.
Me dan ganas de decirle que abandone.
Que hay otras ciudades que serán capaces de entenderla
como La Habana, ya me pasó.
Pero vivo en democracia
Y debo dejarla elegir.
Pero vivo en democracia
Y debo dejarla elegir.

Feb 2019

El Puente, primer grupo intelectual de poetas y artistas cubanos que fue aplastado por la maquinaria revolucionaria, por homosexuales, religiosos y negros. 1961-1965

El racismo anti negro en los estudios literarios cubanos. Me gusta hablar de algunas cosas que nadie habla hace tiempo. *El Puente*, fue primer grupo intelectual de poetas y artistas cubanos que fue aplastado por la maquinaria revolucionaria, por homosexuales, religiosos y por negros. 1961-1965.

Guillermo Rodríguez Rivera y Jesús Díaz, fueron contrarios al *El Puente,* el primero les decía que escribían con hermetismo trasnochado (alusión directa a *Orígenes,* capitaneado por J. L. Lima), por suerte, Jesús Díaz cambió el rumbo y puso su proa intelectual los últimos años de su vida más cercana a *El Puente* que a sus orígenes en *El Caimán,* con su revista *Encuentro de la Cultura Cubana,* desde Madrid.
De este grupo de intelectuales cubanos solo tuve relación directa y maravillosa con Ana Justina Cabrera, gracias a ser íntima amiga de mi exsuegro el arquitecto Heriberto Duverger.

José Mario, Gerardo Fulleda León, Ana María Simó y Ana Justina cabrera (con esta última tuve una estrecha amistad en La Habana de los noventa y recuerdo con gratitud cada una de sus charlas)

Con ella fue una de las personas que más hablé de la contracultura dentro de la estructura revolucionaria de inicios de los años sesenta, fue un placer llevarla a su casa muchas veces en el coche donde extendía mis conversaciones con ella. Su libro *"Silencios,"* único que publicó con el grupo Puente, me muero por editarlo. Leyó mis cuentos cuando me catalogaron en La Habana como escritor "novísimo" y me contaba como ellos también lo fueron, a su manera.

Murió en La Habana, año 2000, había nacido en 1940, sin reconocimiento merecido, viviendo con una precariedad brutal en una cuartería infernal, pero con una cabeza negra y canosa bellamente iluminada. Pero para eso estamos los Blogger, para recordar olvidados y olvidadas.

Problemas por la negritud del grupo *Puente*.

"Puente propició un espacio abierto e inclusivo que permitió esta gran diversidad identitaria porque, aunque sus "procedencias, criterios y colores eran diferentes, [...] lo que importaba era la juventud, el talento y el deseo de trabajar por formar un movimiento de creadores"92. Muchos de los miembros del grupo eran negros, por ejemplo, Ana Justina García Méndez, Miskulin, García Méndez, García Ramos, Hormilla, Marlies Pahlenberg Cabrera, Georgina Herrera, Nancy Morejón, Guillermo Cuevas Carrión, Manolo Granados, José Madan, Armando Charón, Rogelio Martínez Furé y Gerardo Fulleda León quien cuenta que entre la gente de El Puente "nunca me sentí diferente. Tal vez era una cuestión de condición humana y de la situación que estaba viviendo el país. Las diferencias que podían darse entre nosotros tenían que ver con la cantidad de libros que leíamos, la cantidad de películas que veíamos, o que alguno tenía más condiciones que otro para el teatro. [...] Teníamos una conciencia muy grande de la diversidad, porque creíamos que la Revolución se había hecho para eso, para que cada cual se manifestara y ocupara el lugar que le correspondía en la sociedad"

La presencia de muchos negros y mulatos en el grupo traía problemas porque "si bien *El Puente* no fue cancelado exclusivamente por factores raciales, tampoco debe ponerse en duda que actitudes racistas hayan debilitado el apoyo oficial necesario para la continuación de un proyecto editorial en el que cubanos de una u otra raza hacían del rescate de la cultura y la religión afrocubanas un tema de notable interés". Incluso se llegó a acusar a El Puente de fomentar el Black Power que estaba presente en los EE. UU., aunque Fulleda León sostiene que "a pesar de que nos interesaba mucho lo que estaba pasando en ese país, no queríamos trasladar el Black Power a Cuba, y parece que eso no se entendió. La participación de practicantes de las religiones afrocubanas también constituyó un problema porque, como advierte Barquet, en la Cuba de los años 60 se comenzó a imponer "una propuesta ateísta que, basada en los principios de la materia Hormilla, paralelismo dialéctico marxista, reprobaba toda creencia religiosa y la santería "nada tenía en común con el ateísmo fundacional del discurso marxista, eje ideológico de la Revolución. Así surge la contradicción de que, aunque la Revolución aseguraba niveles inéditos de igualdad para los sectores negros, por otro lado, al desanimarlos en la búsqueda plena de sus orígenes africanos ya no solo folklóricos sino sobre todo religiosos, retardaba paradójicamente la posibilidad de su total afirmación dentro del nuevo orden."

Exilio de *Puente* y Quedados

"A finales de los años 60 y durante los años 70 muchos de los puenteros se fueron al exilio, entre ellos José Mario, Lilliam Moro, Ana María Simó, Silvia Barros y Pío E. Serrano. En los años 80 salen de Cuba Reinaldo García Ramos, Belkis Cuza Malé y Héctor Santiago Ruiz, y en los 90 Manolo Granados y Pedro Pérez Sarduy. Otros se quedaban en Cuba como es el caso de Nancy Morejón, Georgina Herrera, Ana Justina, Rogelio Martínez Furé, Miguel Barnet y Gerardo Fulleda León. Entre los que se quedaron algunos se pasaron a la revista El Caimán Barbudo y "varios han obtenido puestos de renombre y premios de prestigio en el medio cultural cubano"

Qué fue de *Puente*

Ediciones El Puente fue un proyecto literario concebido por y para autores jóvenes en Cuba, inmediatamente posterior a la Revolución de 1959. Entre 1961 y 1965, Ediciones *El Puente* publicó varios títulos, introduciendo docenas de nuevas voces y realizando lecturas y performances.

Algunos importantes escritores comenzaron allí su carrera literaria, incluyendo a la poetisa y traductora Nancy Morejón, el dramaturgo Gerardo Fulleda León, ahora director de la compañía de teatro Rita Montaner en La Habana, la dramaturgo y activista Ana María Simó, codirectora del proyecto editorial y el folclorista Miguel Barnet.

Sin embargo, Ediciones *El Puente* es recordado principalmente como una de las víctimas de la represión social en Cuba en las décadas de 1960 y 70. Acusado de extender la homosexualidad, el Black Power, de publicar a exiliados y de tener relaciones con extranjeros, algunos miembros fueron detenidos, o se les envió a las Unidades Militares de Ayuda a la Producción. Unos pocos, como Ana María Simó, abandonaron el país.

Los críticos literarios cubanos han comenzado a interesarse por este grupo y en 2005 la Gaceta de Cuba publicó una serie de artículos sobre Ediciones *El Puente*. Seguidamente se encuentra una lista de los libros de El Puente en orden de publicación, de 1961 a 1965 en La Habana, bajo la dirección de José Mario y la codirección de Ana María Simó, tal como fue compilado por José Mario en La verídica historia de Ediciones El Puente, La Habana, 1961-1965. La mayor parte de los poemarios de Ediciones El Puente reaparecen compilados en la compilación crítica "Ediciones *El Puente* en La Habana de los años 60", editada por Jesús J. Barquet (Chihuahua: Azar, 2011).

José Mario, La Conquista (poemas)
Santiago Ruiz, Hiroshima (poemas)
Mercedes Cortázar, El largo canto (poemas)

Silvia, 27 pulgadas de vacío (poemas)
José Mario, De la espera y el silencio (poemas)
Gerardo Fulleda León, Algo en la nada (poemas)
José Mario, Clamor agudo (poemas)
Ana Justina, Silencio (poemas)
Guillermo Cuevas Carrión, Ni un sí ni un no (historias)
José Mario, Obras para niños (teatro, 1ª y 2ª ed.)
Ana María Simó, Las fábulas (historias)
Reinaldo Felipe, Acta (poema)
Manuel Granados, El orden presentido (poemas)
José Mario, A través (poemas)
Nancy Morejón, Mutismos (poemas)
Mariano Rodríguez Herrera, La mutación (historias)
Novísima Poesía Cubana I (antología poética)
Georgina Herrera, GH (poemas)
Joaquín G. Santana, Poemas en Santiago (poemas)
Belkis Cuza Malé, Tiempos del sol (poemas)
Rogelio Martínez Furé, Poesía yoruba (antología poética)
Jesús Abascal, Soroche y otros cuentos (historias)
Nicolás Dorr, (teatro)
J. R. Brene, Santa Camila de la Habana Vieja (drama)
José Mario, La torcida raíz de tanto daño (poemas)
Miguel Barnet, Isla de güijes (poemas)
Ada Abdo, Mateo y las sirenas (historias)
Évora Tamayo, Cuentos para abuelas enfermas (historias)
Nancy Morejón, Amor, ciudad atribuida (poemas)
Ana Garbinski, Osaín de un pie (poemas)
Rodolfo Hinostroza, consejeros del lobo (poemas)
Segunda Novísima de Poesía Cubana (*)
Silvia Barros, Teatro infantil (poemas)
Primera Novísima de Teatro (*)
Ángel Luis Fernández Guerra, La nueva noche (historias)
El Puente, Resumen Literario I (revista literaria) (*)
Antonio Álvarez, Noneto (historias)

José Milián, Mani Omi Omo (teatro)
José Mario, Muerte del Amor por la Soledad (poemas)
2020

¿Quién es Lía Villares? Creativa, Blogger, bajista de *Porno Para Ricardo*, activista por los Derechos Humanos desde Cuba, y performance

Lía es una destacada activista por los derechos humanos en Cuba. Sin "postureos" se dice hoy en España, o sea, no con el afán de lucirse y aparecer solo en la foto. Lía ya es un referente de la Campaña #TodosMarchamos. Que lideran Antonio Rodiles y Ailer González Mena desde hace tiempo en Cuba (45 domingos, era 2016). Aunque ya se ha extendido a Miami cada domingo.
También su blog fue un referente hace ya 7 años. Yo lo conocí por Zoé Valdés que lo bautizó así...
"*Habanemia*, excelente blog de Lía Villares (La Habana, 1984). Desde La Habana, pero de la gente que sirve."
Lía Villares definió su blog así:

"*un blog: irreverente antiserio joven noctámbulo artístico libre underground (subterráneo) loco (esquizo) pornopolítico (análquico) rizomático múltiple fragmentario. para ti*"

Lía pertenece a una nueva "raza" de activistas y opositores cubanos que ha decidido cambiar Cuba desde adentro. Como ya existe otra raza de cubanas que cambia Cuba a través de las redes desde afuera con su activismo como Liu Santiesteban, Ana Olema o Karen Caballero, de quienes me ocuparé en un post aparte.
En el caso de Lía siendo, a su vez, creativa. Sus camisetas, de "*Abajo quien tú Sabes*," junto a Gorki, es una forma de oposición diferente. Sin olvidar que, para sacar a Danilo Maldonado de la cárcel, hasta colgaron una canción en youtube. Algo muy diferente al activismo opositor tradicional en Cuba.

Su militancia es independiente. Se le puede ver apoyando a presos políticos de diferentes organizaciones opositores de toda la isla y sin duda, fue clave en la movilización permanente para que DANILO Maldonado, El Sexto, fuera liberado.

Lía, es joven, pero no es frágil. Sabía que en algún momento alguien la podía señalar con el dedo y encerrarla. Sabía perfectamente que esto podía pasarle y no se ha quedado en la oposición en el exilio. Retornó a Cuba pues está vacunada contra el miedo.

Estoy convencido de que el protagonismo de su detención reciente le hizo tomar un protagonismo que ella no busca. Le gusta los segundos planos. Quiere una democracia en Cuba de forma natural.

Ahora ya está libre, como muestran sus últimas fotos en su cuenta de Instagram. Si me preguntan cómo debería ser la juventud de una nueva Cuba, lo tengo claro: Lía Villares.

Lía Villares que ya había usado la bandera cubana en 2016, para sus performances, cierra polémica de los símbolos patrios en marzo del 2020 con performance creativo con bandera cubana en el culo.

Lía Villares desde su libertad, colocando su mástil breve con bandera cubana en un culo, liso y firme. Una bandera que recuerda las que daban gratis antes de llegar a la Plaza de La Revolución para balancearla revolucionariamente al final de cada párrafo del discurso del coma-andante en jefe.

Un performance adorable, pues puede interpretarse en todas direcciones. O sea, que esa polémica de símbolos patrios y gobierno cubano es una mierda, y se caga en él, o que se metan la bandera. El hecho de poner *El Gramma* detrás es muy sutil o evidente. No olvidar a Marcel Duchamp y su obra "readymade, *La fuente*. Y a Ángel Delgado artista cubano que cagó en una expo y cito al principio del libro, y le costó la cárcel y un performance que hizo historia.

De todas las fotos que he visto estos días con banderas cubanas a partir de la detención de Luis Manuel Otero en el carnaval de La Habana 2019 por llevar una bandera al cuello, esta debería cerrar este patriotismo, a ratos idiota y poco creativo que se ha viralizado entre algunos cubanos reivindicativos, la mayoría con poca o nula creatividad objetiva

Lía no es nueva en esto, ya en su blog personal había hecho con la bandera cubana otro performance emblema, los cuales incluí en un post que le dediqué en una de sus múltiples detenciones por la seguridad del estado cubano.

Nota

Nota tras publicado este post, escrito desde Barcelona tras 20 años sin pisar Cuba, allí donde conocí a Lía y Luis en 2015. Lía aclara lo siguiente:

"Siguiendo la convocatoria #LaBanderaEsDeTodos del #MovimientoSanIsidro, tan mal visto y malinterpretado por la moralina puritana y patriotera, habanera y miamense, aparentemente insultados o escandalizados con la imagen, Arsenio captó bien la intención primera, segunda y última de esta publicación, que no es más que un post del artista Luis Trápaga que yo compartí, porque no he hecho el "challenge" ni quiero ni voy a hacerlo, para huir más que nada del patriotismo barato y porque debo tener mil quinientas fotos con el tema, todas en manos de la seguridad del estado.
La foto se llama "#Montaña" y pertenece a la serie "#EfectodeHalo" del artista Luis Trápaga con una diseñadora que prefiere mantener el anonimato por el momento, y se expuso en #EspacioAglutinador hace alrededor de diez años."

EDICIÓN ÚNICA | 69:00 P.M. | 20 cts

Diputados evalúan proyectos de leyes de Símbolos Nacionales y de Pesca

UN intenso ejercicio legislativo sobreviene tras el referendo popular de este 24 de febrero cuando se ratificó la nueva Constitución de la República, expresó Esteban Lazo Hernández, miembro del Buró Político del Partido y presidente de la Asamblea Nacional del Poder Popular (ANPP), en el encuentro con diputados a los que les fueron presentados este jueves, a través de una videoconferencia, los proyectos de leyes de Símbolos Nacionales y de Pesca.

Según despacho de la Agencia Cubana de Noticias (ACN), desde la sede del Parlamento —en el Capitolio de La Habana—, Lazo Hernández se refirió al cronograma para la elaboración de las leyes derivadas de los preceptos de la Carta Magna, con el propósito de que sean cumplidas en la práctica y que forma parte de la responsabilidad de los legisladores.

José Luis Toledo Santander, de la Comisión de Asuntos Constitucionales y Jurídicos, [...] proyecto de [...] los, de e[...] incluyen [...] la so[...] de [...]

conciencia que cada cubano tenga de [...] representan una nación que se [...] alcanzó su libertad e independencia, [...] sacrificio de un pueblo heroico y [...] emó.

[...] momento, el diputado Eusebio [...], historiador de la ciudad de [...] expresó —en una extensa y [...] intervención— que los símbolos representan los más [...] elevados sentimientos de [...] umana.

[...]jas, ministra de la Industria [...]al), explicó que en el [...] esca, contiene modifi[...] estado de los recur[...] violaciones del régi[...] concepto de pesca [...] régimen de contra[...] A para el adecuado [...]namiento legislativo y control.

[...] as zonas de pes[...]os, acerca [...] con su [...] como [...]ra [...]

214

Dayme Arocena desmonta el mantra cultural castrista de que las negras pobres no triunfan fuera de Cuba

Dayme Arocena está en mi blog hoy a fines de diciembre, no por ser excelente intérprete cubana, que lo es. Hoy la traje aquí por estas palabras que puso en su muro:

UNA DOSIS DE CONCIENCIA

"Decir que Cuba es el único lugar del mundo donde, como negra pobre, podría convertirme en músico profesional, es además de un profundo acto de racismo e ignorancia, una negación absoluta a la historia de la música universal"

215

Dayme en su muro de Facebook como son las nuevas disidencias artísticas que se salen del canon cultural revolucionario, puso para reafirmar su idea artistas internacionales negras que han triunfado fuera de Cuba siendo pobres, yo pongo solo cubanas y todas negras en el siglo XX, una del siglo XIX, resulta que a través de mi carrera como musicólogo y gracias a la escritura de mis libros sobre música cubana he tenido que corroborar entre otras cosas la negritud con que está plagada la música cubana a lo largo de toda su historia, es insólito que durante más de sesenta años la gente escuche la cantaleta de que solo en Cuba los desfavorecidos triunfan y lleguen a crearla. Pocos artistas en estos años han sido tan claros viviendo en esa isla como ella por eso le doy mi aval poniendo además cubanas negras que triunfaron allí antes de aparecer La Revolución:

"María Martínez, (1848) (Cantó en Madrid, París y Londres, recogida en mi libro[8]; María Teresa Vera, 1920 (triunfó en Cuba y New York; Paulina Álvarez (La Emperatriz del Danzonete (1930); Merceditas Valdés (Reina del canto afrocubano), Xiomara Alfaro 1940 (cantante soprano), 1950-1959: La Lupe (Triunfó en Cuba, New York), Celia Cruz (Reina de la Guaracha y la Salsa) Celeste Mendoza (Reina de la Rumba), Las D´Aida (Las mejores intérpretes del Filin en Cuba), y la Gorda, negra, prieta (como mis tías) Fredesvinda García, llamada la *Estrella* en la novela de Guillermo Cabrera Infante *Ella Cantaba Boleros*, con voz gruesa de dios como Dayma. Por eso Dayma está en mi muro hoy. Por no participar de los *fake* eternos de ese país…

---

[8] *El Arte del Sabor. Tres de Café y Dos de Azúcar. Dos Siglos de Música Cubana.* Arsenio Rodríguez Quintana. Ed Muntaner, Barcelona. 2020. Disponible en Amazon y en tiendas de Barcelona.

Celeste Mendoza, María Teresa Vera, Paulina Álvarez, Xiomara Alfaro, Freddy, Mercedita Valdés, Las D´Aida.
2020

Relato del 27 de enero por Mauricio Mendoza[9]

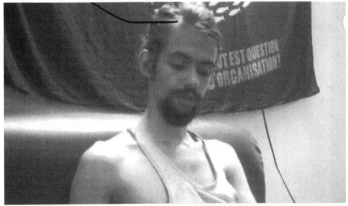

Mauricio Mendoza, foto del muro de Lara Crofs

Entre ellos hay personas que agachan la mirada

Una oficial del MININT a Mauricio Mendoza: 'No paren de luchar y exigir sus derechos, algún día los jefes tendrán que escucharlos y entender sus razones'.

Desde pequeño mis padres me educaron con la máxima de hacer bien y no mirar a quién. Apelar a la conciencia y la bondad humana es una de las enseñanzas que nunca olvido de mi padre. Criarme en un barrio periférico, entre personas de pocos recursos económicos, me hizo poner esos consejos en práctica e incluso pude entender las raíces de ciertas acciones que he presenciado durante mis 22 años.

Entendí que, en un sistema opresor que te da las únicas posibilidades de ser víctima o victimario, por una cuestión de supervivencia, hay a quien no le queda más opción que convertirse en victimario, a sabiendas de que sus procederes no son los más éticos, morales o justos.

Siempre he creído que estas personas son igualmente víctimas, solo que no han tenido el valor de rebelarse contra quienes les obligan a atacar a

---

[9] *Mi relación con Mauricio es directa a través de WhatsApp, me dio autorización para publicar este texto en mensaje de voz, tras haberlo publicado en un medio digital.*

sus similares. Incluso necesitan que alguien alce la voz por ellos y ellas, que también son hijos de esta nación.

Lo que pasó este 27 de enero frente al Ministerio de Cultura, donde a artistas, activistas y periodistas independientes nos reprimieron, con especial ensañamiento hacia las mujeres, me hizo pensar en los consejos de mis padres.

En el transcurso de la detención, la espera y el interrogatorio me dediqué a analizar a las personas que nos detenían injustamente, para buscar, más allá de lo aparente, qué era la represión.

En la guagua me tocó sentarme junto a Henry Erick Hernández, quien con gestos mínimos me transmitió el sentimiento de un padre cuando quiere resguardar a su hijo. Frente a nosotros se encontraba Sindy Rivery y, junto a ella, estaba una oficial del Ministerio del Interior (MININT), de pie, entre el asiento de Rivery y una de las barandas del ómnibus, velando que ella no se fuera a parar.

Durante todo el trayecto desde el MINCULT hasta la estación de Infanta y Manglar me mantuve mirándole a los ojos a esta joven oficial. Mi mirada no era de reto. Mi mirada le preguntaba, sin palabras, cuán justo era lo que estaba pasando. Quien sabe que está haciendo lo correcto te devuelve la mirada con firmeza, pero esta oficial (calculo que de mi edad o unos pocos años mayor) nunca pudo devolverme la mirada firme.

Una vez en la estación nos pusieron en una sala a todos. Hubo oficiales que nos trataron con prepotencia. No les era suficiente con tenernos detenidos arbitrariamente. Hasta nos prohibían hablar, pero a estos no me interesa referirme. Mi atención se centró en otros y otras oficiales que se notaban en esa sala más desconcertados que nosotros los detenidos. No eran uno ni dos, eran varios a los que se les notaba cierta incomodidad.

Una oficial de la Policía, quien se sentó muy cerca del Fonky y de mí, pensaba que algunos éramos extranjeros. Entrecortada, con pena ajena, no supo qué decir cuando le expresé que ella podría ser mi madre y aceptó que los métodos utilizados no fueron correctos. Ella sabía que nosotros no éramos delincuentes, que no teníamos por qué estar allí.

Las horas de espera en esa sala nos dieron a muchas ganas de fumar e ir al baño. Hubo oficiales, mayormente mujeres, que nos llevaron al baño y nos dejaron fumar. Recuerdo preguntarle a una que estaba vestida de civil si podía ir a fumar. Le dije: "Amor, ¿puedo ir a fumar?", y su respuesta fue encabezada con la misma palabra "Amor", con la calidez de una cubana igual que yo, que hace cola, coge una guagua, padece necesidades, y recibe órdenes.

A mí me llevó al baño otra muchacha. Esta sí vestía de verde. Mientras fumaba mi cigarro tuve la necesidad de interpelarla, de preguntarle qué creía de lo que estaba pasando. No sé el nombre de la muchacha, tan solo recuerdo que tiene 24 años. Ante mis preguntas sobre la justicia de lo que estaba pasando, su respuesta no se me va a olvidar nunca. Me dijo simplemente: "Ustedes no paren de luchar y exigir sus derechos, algún día los jefes tendrán que escucharlos y entender sus razones".

Estas experiencias, que no fueron las únicas que podría relatar, me hacen afirmar que dentro del cuerpo de policías y oficiales del MININT hay esbirros que te miran cínicamente a los ojos y no les da ningún remordimiento la represión de personas inocentes, pero también hay personas que sienten y son igualmente víctimas de un sistema que les obliga a tomar acciones contra los propios cubanos.

Digo que son víctimas y que no les quedan más opciones pues la mayoría de esos y esas oficiales son personas de piel negra, provenientes de familias humildes del campo, donde las únicas posibilidades que tienen para tener una vida un poquito mejor es dejarse someter por el régimen.

Esas personas no pertenecen a las jerarquías de poder, donde solo entras si eres hombre, blanco y heterosexual. Y yo como periodista me siento en el deber de hablar y reclamar los derechos de esas personas que cumplen órdenes, pero agachan la mirada. Saben que están cometiendo actos injustos contra personas inocentes, pero carecen del valor suficiente para revelarse contra el amo, en este caso, el régimen cubano.

Epílogo. Entrevista a Luis Manuel Otero Alcántara en el Caimán Barbudo en 2012[10]

[10] Por: Yadira de Armas Rodríguez. 7 | 8 | 2012

Arte Pirata en La Habana. Entrevista con Luis Manuel Otero publicada en el Caimán Barbudo

A partir del 3 de julio de este año, la Galería Luz y Oficios acogió la más reciente exposición del artista de la plástica Luis Manuel Otero Alcántara. Con curaduría de Magaly Espinoza y Ulises Morales, la muestra sorprende por su naturaleza: integrada por piezas escultóricas y dibujos, además de una videodocumentación, donde por vez primera el artista presenta intervenciones realizadas en diversos espacios públicos de la ciudad. Las obras de este creador evidencian su amplio dominio técnico, producto de la constante experimentación que lo caracteriza.
Luis Manuel Otero Alcántara es un artista de formación autodidacta que ya alcanza cierto reconocimiento en el circuito artístico de la ciudad. Es miembro de la Asociación Cubana de Artesanos y Artistas (ACAA) y ha realizado varias exposiciones colectivas y personales. En su formación tuvo gran relevancia su participación en el taller de la reconocida artista Tania Bruguera y recientemente integró el proyecto Peace and Love, organizado por el músico X Alfonso.
"Siempre fui un tipo muy curioso, abierto a los conocimientos y a la forma de ver el mundo de diferentes personas. Gracias a eso es que llego a donde estoy. En el contexto profesional tengo muchos amigos que han estudiado en San Alejandro, en el ISA, y son personas que le han aportado a mi conocimiento y a mi filosofía. No llego ahí por casualidad ni porque alguien me regaló la obra. Llego ahí producto de mucho trabajo, de mucha experimentación, pero también de toda la información que me han dado todos esos amigos".
Desde la informalidad que ofrece uno de los parques de La Habana Vieja, el artista nos comenta acerca de sus

223

creaciones, de las particularidades de su discurso artístico y de sus proyectos más inmediatos.

— ¿Cómo surge en ti el interés por el arte?

— Yo soy un artista de formación autodidacta y desde niño siempre tuve gran interés por las formas y las cosas raras. Siempre me llamó mucho la atención la religión, aunque en mi casa no se profesara ninguna, lo afro, y algo que yo creía que era arte. Además, en mi familia estaba rodeado de personas vinculadas a oficios manuales, carpinteros, soldadores, podólogos…. Pero no tengo uso de razón de cuándo fue la primera vez que yo le di forma a un pedazo de madera, o de "ciforé", que eran los materiales que tenía a mano. En la escuela recuerdo que les daba forma a las tizas, a los lápices, pero siempre con la iniciativa de darle forma a las cosas.

"Luego fui evolucionando hasta que mis trabajos alcanzaron un poco de tamaño y una estética más definida, a partir de un mayor dominio de la madera. Ese trabajo fue a parar a manos de un profesor de talla en madera de La Víbora, Jim del Taller Fowler. Así empiezo a conocer que era el surrealismo, el expresionismo, esas palabras raras y conceptos, y toda la filosofía de lo que era el arte. A partir de ese momento empiezo a descubrir ese mundo: desde la música, la literatura, el cine, el teatro, la danza…"

— Has tenido la posibilidad de exponer con anterioridad en muestras colectivas e incluso personales. ¿Qué pudieras comentarme acerca de esas anteriores experiencias?

— Mi primera exposición fue muy modesta y se realizó gracias a un amigo que me comentó de la existencia de un espacio en el cual podía exponer: la Galería Ambos Mundos En este momento contaba con alrededor de veinte trabajos de pequeño formato, en los cuales mostraba mi dominio de la madera y la talla. Fue una muestra que pasó desapercibida, más bien fue entre amigos, pero al final era *algo dentro de mi currículo. Después he tenido varias exposiciones colectivas más o menos importantes, pero todas las he emprendido con la misma energía y el mismo deseo.*

"En octubre del año pasado tuve una exposición personal que para mí fue muy importante. Se llamó Los héroes no pesan y fue la clausura de una serie que tocaba el tema de la comunicación física y psicológica entre las personas. Era una obra muy experimental en la cual trabajaba con maderas quemadas y metales corroídos, e intervine la galería con aserrín. Las obras presentaban una figuración que rozaba con la estética de Giacometti, con la estética africana, con las cosas de escultores cubanos y con la obra de Antonia Eiriz.

"Esta muestra constituyó un paso muy significativo dentro de mi historia porque yo vi cómo la gente reaccionó ante ella, sobre todo el público no especializado, personas que no sabían nada de arte, que se encontraban con este tipo de obra y se sentían muy motivados e identificados. De cierta manera la gente captó lo que yo quería decir y eso fue muy importante porque me dio mucha valentía para hacer cosas como la de esta última exposición".

– ¿Cuál es el concepto de Reciclaje y Resistencia, la exposición que presentas ahora en la Galería Luz y Oficio?

– Esta exposición es producto de casi dos años de arduo trabajo y va sobre las soluciones que hallan los cubanos en la vida cotidiana; bueno, en un principio partía de ahí, pero después la obra fue mutando. Mi trabajo toma mucho de la cultura popular, de lo fetiche, del arte africano pero mirado desde la propia cultura del cubano. Pienso que en la realidad no se puede ver el arte africano por el arte africano, sino más bien desde la visualidad del cubano, desde la apropiación y la desmembración de todos sus fetiches, del simbolismo e interpretación que estos han tenido por parte del pueblo. Todo ese culto ha generado una estética desde el punto de vista artístico y religioso.

"Desde un principio lo que hice fue apropiarme de la cultura popular, de sus íconos y formas fetichistas para fusionarlos con grandes íconos de la cultura universal como Mickey Mouse, la Estatua de la Libertad, la Torre Eiffel, pero que yo miro desde la trasmutación de la visualidad cubana. La exposición también habla de la añoranza que tiene el cubano por lugares como París, Estados Unidos, fomentada por la información que les llega de los medios. Mi obra juega con esa nostalgia, apelando a la deconstrucción de esos medios de comunicación que son efímeros y que al final convierten esos sitios en fetiches. Sin embargo, los nuestros no los valoramos porque son simplemente fetiches que tenemos aquí, y cuando los construimos desde esa visualidad alcanzan un nuevo valor, una nueva posición dentro de la conciencia del cubano".

— ¿Por qué el calificativo de "Arte pirata"?

— "Arte pirata" es adonde ha desembocado toda esta serie que en un principio estuvo conformada por obras de pequeño formato, producto de la propia experimentación de la cual salieron proyectos como animales y otros objetos muy graciosos. Luego tuve la necesidad de que esos trabajos crecieran porque ya no me conformaba con piezas de un metro y necesitaba una obra como escultor. Un amigo me propuso emplazarlas y desde ese momento se conforma esta producción que parte de esculturas, una vez más. Son obras que formaron parte del imaginario social, así como los Elefantes de Jeff, las Arañas de Bourgeois, las Cucarachas de Fabelo y las Hormigas que aparecieron por aquí hace poco en la Bienal.

"Yo me apropié de todos esos íconos de la cultura popular y universal dentro del medio arte, porque es en lo que se han convertido. Lo que hice fue deconstruir todas esas obras y a las cuatro o tres de mañana, sin permiso de ningún organismo, me apropiaba del lenguaje arte para intervenir diversos espacios públicos. Las obras amanecían en las afueras de las instituciones, las cuales intentaban averiguar de quién era la obra, pero luego las

destruían. De hecho, ninguna de ellas ha pasado de un día. Una sola obra *Regalo de Cuba a Estados Unidos* estuvo cinco días en el Malecón en el marco de la XI Bienal1, en un contexto donde nadie podía determinar si era o no de la institución. Yo la puse y al final duró cinco días hasta que alguien se dio cuenta de que no pertenecía a la muestra y fue retirada. Al final desaparece como todas las obras anteriores.

"Mi trabajo juega mucho con la ironía y con la burla, y tiene un elemento muy crítico en cuanto a las instituciones que solo legitiman un espacio determinado de los artistas; a artistas encumbrados en esos espacios y graduados de escuelas de arte. También es una crítica a la forma de ver el arte hoy. Decirte que es solo por el gesto es una ingenuidad de mi parte. En esas intervenciones se puede ver lo que cada cual quiera ver. De ahí parte lo de "Arte pirata", por el hecho de que aparece sin permiso de ninguna institución. Las sitúo por la autonomía que me da el ser artista y el estar legitimado como tal. Es un gesto ¡que tampoco inventé yo!".

— En tus obras apelas al reciclaje, con una estética cercana al Arte Povera, ¿a qué se debe ese interés? ¿Por qué se hace tan recurrente esto en tu discurso?

— En un principio yo era tallista de madera, puramente tallista. Siempre me llamó la atención los desechos de maderas, y yo decía: tengo que solucionar esto de alguna forma porque era una lástima perder toda esa madera. Y a mí me interesa mucho la ecología. Un día decidí hacer mi primer animal a partir del amarre de las maderas desechadas con tela. Era algo muy experimental, que veía como algo decorativo, lindo, era simplemente un gusto estético.

"Después eso alcanza una nueva filosofía trasmutada dentro de este propio proceso creativo. Luego comienzo a aumentar el formato de las piezas y me di cuenta de que necesitaba más madera, y es cuando empieza a cobrar un nuevo valor. Era la madera que me encontraba en las esquinas, desechadas en los derrumbes y era la que más me gustaba porque al final toda esa madera comida por el comején, lacerada por el tiempo tenía toda una historia y una filosofía detrás, un discurso a la hora de armar la obra. Por eso es que empiezo a utilizar estos medios. Yo conocía del Arte Povera, y me di cuenta de que tengo mucho de esa estética no solo en esta serie sino en trabajos anteriores en los que trabajo con papier mache, tierra, piedras, que parten mucho de lo povera".

— Teniendo en cuenta que la mayor parte de tus producciones artísticas se expresan mediante la escultura, se puede suponer que es tu medio predilecto…

— Sí, me siento muy bien con la escultura, con la tridimensionalidad. He intentado pintar y hacer otras cosas, pero han pasado realmente como mera experimentación. Por ejemplo, estos últimos dibujos que estoy haciendo son más bien de carácter procesual. Los dibujos al final no me llenan, son simplemente parte del propio proceso, de cómo voy construyendo la obra de arte dentro de mi cabeza, tridimensionalmente, y ellos me ayudan a esclarecer muchas cosas. Cuando tomo un pedazo de madera ya sé cómo manejarla; es como el 3D, cuando yo lo descubrí me di cuenta de que de esa misma manera yo veía y construía las obras dentro de mi cabeza. Mi proceso creativo parte de la escultura, del amor a lo tridimensional, a la materia.

— No obstante, en esta exposición se aprecia tu incursión en la videodocumentación. ¿Qué importancia le confieres a este medio?

— La videodocumentación en un principio era lo que me servía para documentar mis intervenciones para que estas trascendieran más allá del puro gesto que era efímero, de horas; yo, como artista, necesitaba que eso se reconociera como gesto. Luego los solucionaba de forma muy minimalista y lineal. Ahora todos estos videos han tomado autonomía, ya que son historias que relato a partir de las esculturas. Serían dos caminos: una serie de videodocumentales acompañados de las esculturas, y la otra con videos más construidos con historias a contar desde un punto de vista posmoderno, porque puede que quizás no tenga nada que ver lo que están viendo con lo que se está contando.

— ¿Te encuentras enfrascado en estos momentos en algún nuevo proyecto?

— Sí, ahora mismo estoy enfrascado en varios proyectos que se despegan un tanto de esta estética, aunque no de la filosofía. Por ejemplo, quiero hacer una intervención que va a durar seis meses, se trata de un San Lázaro que va a pedir limosnas durante ese tiempo. Ese dinero va a ir a una institución determinada, para cubrir sus necesidades primarias. Es una educación hacia la vista de estos mitos de la religiosidad del pueblo cubano, y la solidaridad también que existe a partir de esos íconos. Yo aprovecho todo eso para hacer un aporte más a la sociedad.

NOTAS

1. Durante esta fecha se presentaba, como parte de la XI Bienal, en el Malecón Habanero el proyecto Detrás del muro. La muestra estaba integrada por un grupo de instalaciones, esculturas y obras de gran formato, distribuidas desde La Punta hasta la Calle 23.

Bibliografía

Una mención especial merece toda la prensa digital dentro y fuera de Cuba. Pero *ADN, Cibercuba, Puente a la Vista, El Estornudo, Rialta,* han tenido en mi un referente constante desde Barcelona. Las directas de todos los miembros del MSI o 27N en ADN han sido fundamentales, algunas han alcanzado en un solo día medio millón de views sin duda alguna de los cubanos que viven en el exterior.

Art. *El fin de la Revolución Cuba.* NYT. Patricio Fernandez. 2017

Art. Medios emergentes en Cuba: desafíos, amenazas y oportunidades. Por Elaine Diaz. *Blog Siembra media.* 11 ene 2018.

Art. *¿Qué es el Decreto 349 y por qué los artistas cubanos están en contra?* Ernesto Hernández Busto. Letras Libres. 10 diciembre 2018.

Art. *Huelgas de hambre y sed en Cuba.* Artistas, periodistas, activistas y académicos piden la liberación del rapero Denis Solís y el fin de las políticas cada vez más restrictivas contra la libertad de expresión. DARÍO ALEMÁN. *El País.*23 NOV 2020 - 19:03 CET

Art. ¿Quién está detrás del show anticubano en San Isidro? Raúl Antonio Capote. *El Granma, Cuba. Órgano oficial del partido Comunista.* 24 de noviembre de 2020.

Art. Cuba disidentes. *Diario estatal cubano considera "bandidos" a opositores en huelga de hambre.* REDACCIÓN La Vanguardia.25/11/2020 17:19.

Art. Policía de Cuba termina con huelga de hambre de disidentes del Movimiento San Isidro. Por Patrick Oppmann- 00:03 ET (05:03 GMT) 27 noviembre, 2020.**CNN.** (La foto que ilustra este artículo es La proteste que hicimos el 24 de noviembre en Barcelona.)

Art. Atrincherados pero conectados con el mundo, jóvenes cubanos desafían al gobierno. Última modificación: 26/11/2020 - 14:00. (France24. Ilustran la noticia con una foto de la protesta y apoyo hecho en Barcelona el 24 de noviembre.)

Art. Movimiento San Isidro, el contestatario grupo de jóvenes en huelga de hambre al que el gobierno de Cuba desalojó por la fuerza. Lioman Lima - @liomanlima. BBC News Mundo. 26 noviembre 2020/ Actualizado 27 noviembre 2020.

Art. La policía cubana desaloja la sede del Movimiento San Isidro y detiene a varios integrantes durante horas

Los integrantes del colectivo exigen la liberación del rapero Denis Solís. El escritor Carlos Manuel Álvarez, colaborador de EL PAÍS, fue arrestado y liberado antes de medianoche. FRANCESCO MANETTO. México - 27 NOV 2020 - 08:43 CET. El País.

Los artistas del hambre: relato del desalojo de una protesta en Cuba. El escritor y periodista Carlos Manuel Álvarez narra la lucha del Movimiento San Isidro, desarticulado a la fuerza por la policía en un operativo en el que fue detenido. La Habana - 30 NOV 2020. El País.

Art. Los activistas del Movimiento San Isidro desafían al Gobierno cubano en medio de la crisis económica. Tras la huelga de hambre para pedir la liberación del rapero Denis Solís, este grupo de artistas protestan por las tiendas que cobran en dólares, euros y libras. HÉCTOR ESTEPA.BOGOTÁ / E. LA VOZ DE GALICIA. 05/12/2020 05:00 H

"El Derecho a Tener Derechos. Un nuevo movimiento "artivista" exige libertad de expresión en Cuba. Coco Fusco. Dec 23, 2020.https://www.moma.org/magazine/articles/480

AGRADECIMIENTOS

Primero a los acuartelados del MSI al completo y toda su familia y allegados, y en especial a: Iliana Hernández, Katherine Bisquet, Yasser Castellanos, Yanelys Núñez, quienes entre el Messenger y el WhatsApp me han mantenido al día de cada suceso, me han sugerido título y me han corregido criterios (incluso de edición) desde dentro de los Acuartelados como del MSI o las manifestaciones de Madrid (Yanelys). A todos los artistas del 27N de esta y otras generaciones que han dado su apoyo sin importarles las consecuencias
Sin olvidar a Leandro Feal quien ha sido mi enlace directo con el 27N. A todos los cubanos que viven en Cuba o están fuera apoyen o no estos derechos, pues al final serán beneficiarios
A mi hija Maya y mi familia
Y sin dudas a mi pareja, sin ella
Y su amor esto se escribirían diferentes
Autor

Nota para lectores

En todos mis libros de crónica social sobre la actualidad de Cuba, he hecho un esfuerzo en mantener el lenguaje actual en el que se habla en la sociedad cubana de hoy. Las transcripciones que son múltiples en los tres: Los Acuartelados de San Isidro, Adiós al Miedo en Cuba, y 11JCuba, no intento corregir a los protagonistas, ni las notas de sus muros en las redes sociales, creo más en la emoción con que están escritas que en la ortografía convencional, es un riesgo, sí, pero es el reflejo de esa emoción lo que yo intento no el más correcto lenguaje, quien no le parezca bien, lo siento.

Made in the USA
Middletown, DE
10 November 2022

14624606R00139